Fridrih Helderlin
O PESNIČKOJ UMETNOSTI

Biblioteka
Pečat

Izvornici

Friedrich Hölderlin
Sämtliche Werke
„Stuttgarter Ausgabe", hg. von Friedrich Beißner
„Frankfurter Ausgabe", hg. von E. D. Sattler

Priredio i preveo
Jovica Aćin

CIP – Каталогизација у публикацији
Народна библиотека Србије, Београд

82.01

ХЕЛДЕРЛИН, Фридрих

O pesničkoj umetnosti / Fridrih Helderlin ; [priredio i preveo Jovica Aćin]. – Beograd : Rad, 1997 (Beograd : Codex comerce). – 160 str. ; 20 cm. – (Biblioteka Pečat)

Prevod dela: Sämtliche Werke / Friedrich Hölderlin. – Napomene: str. 106–154. – Napomene uz tekst.

ISBN 86-09-00523-2

875.01

a) Хелдерлин, Фридрих (1770–1843) – Филозофија b) Грчка књижевност, античка – Поетика c) Поетика

ID=57458700

Fridrih Helderlin

O pesničkoj umetnosti

Rad

Ogledi i nacrti **3**

4 *Fridrih Helderlin: O PESNIČKOJ UMETNOSTI*

Sadržaj

OGLEDI I NACRTI
Postoji prirodno stanje mašte... 7
Hermokrat Kefalu 8
O pojmu kazne 9
Sud... i Biće... 10
Snevao sam... 11
Odlomak filozofskog pisma 12
Sedam maksima 17
Ali mudraci... 21
Epistolarni odlomci o Ahilovom karakteru 21
Iz programskog nacrta za časopis Iduna 22
Stanovište s kojeg valja da gledamo na antiku 23
Zapisak o Homeru 24
Reč o *Ilijadi* 24
O različitim načinima u pesništvu 25
Otadžbina u hropcu... 29
Kada je pesnik jednom zavladao duhom... 33
Osećaj govori u pesmi idealno... 53
Izraz, karakteristični... 54
Ne nalazi li idealna katastrofa... 55
Poetološke tablice 55
Tragičkom pesniku dobro dolazi... 57
Lirska, po izgledu idealna pesma... 58
Osvrt: Uz Junakinju, komad Zigfrida Šmita 62
O priči kod starih 65

O TRAGEDIJAMA I TRAGIČKOM
Značenje tragedija... 68

Osnova za *Empedokla* **68**
Napomene uz *Edipa* **80**
Napomene uz *Antigonu* **87**

IZ GRČKE POETIKE
Odlomci o Pindaru **97**

DODACI
1
Nacrt: [*Najstariji sistemski program nemačkog idealizma*] **103**
2
Da čovek u svetu... **105**
Napomene **106**
Hronologija **155**

Ogledi i nacrti

POSTOJI PRIRODNO STANJE MAŠTE...

Postoji prirodno stanje mašte koje bi se moralo, deleći odsutnost zakona s racionalnom anarhijom predstavâ, ipak jasno razlikovati od ove po pitanju zakona koji treba da ga uredi.

Pod tim prirodnim stanjem mašte, tom povlasticom, razumem moralnu anarhiju; pod tim zakonom, zakon slobode.

On posmatra maštu po sebi i za sebe, ona ga posmatra u vezi s moćima žudnje.

U stanju anarhije predstavâ, gde je mašta posmatrana pod teorijskim uglom, jedinstvo mnogostrukog, uređenje opažaja bilo je, nesumnjivo, mogućno ali slučajno.

U tom prirodnom stanju mašte, gde je ona posmatrana u vezi s moćima žudnje, moralni poredak je, nesumnjivo, mogućan, ali slučajan.

Postoji izvestan empirijski vid moći žudnje, analogan onome što se naziva priroda, naročito iznenađujući kada se nužnost, izgleda, zbližava sa slobodom, uslovljeno sa neuslovljenim, čulno sa svetim, stanje prirodne čednosti, reklo bi se moralnost instinkta, a odgovarajuća mašta je nebeska.

No, to stanje, kao takvo, zavisi i od prirodnih uzroka.

Takvo stanje može biti samo dar sudbine.

Nije bilo zakona slobode koji bi upravljao moćima žudnje u isti mah kad i maštom, nikada nije bilo stabilnog stanja, uporedivog sa onim na koji smo upravo aludirali; moć da se ono održi, u svakom slučaju, ne zavisi od nas. I njegova protivnost isto tako bi se mogla dogoditi a da to mi ne bismo bili kadri da sprečimo.

No, zakon slobode *naručuje*, bez obzira na pomoć koju bismo mi mogli ponuditi prirodi. Dok se priroda nadmeće, zadatka svog radi ili ne, zakon naređuje. On radije pretpostavlja neki otpor od strane prirode, inače nikada ne bi *naređivao*. Prvo pojavljivanje zakona slobode u nama jeste u obliku kazne. Svaka naša vrlina proizlazi iz zla. Moralnost, dakle, nikada ne može biti poverena prirodi. Čak i ako moralnost nikada ne bi prestala da bude moralnost, samim tim što bi njeni presudni razlozi boravili u prirodi a ne u slobodi, zakonitost koja bi poticala samo iz prirode ne bi zbog toga bila manje neizvesna stvar, podvrgnuta svim variranjima vremena i okolnosti. Samim tim što bi prirodni uzroci bili određeni drukčije, ta zakonitost

HERMOKRAT KEFALU

Ti braniš, dakle, ozbiljno ideju da bi, u nekom datom dobu, ideal znanja mogao biti izložen u nekom datom sistemu? Pretenduješ čak da taj ideal od sada postoji, te da Jupiteru Olimpljaninu nedostaje samo još postolje?

Možda! To prvenstveno zavisi od načina kako razumemo poslednju tačku.

Ali, ne bi li bilo čudesno videti upravo tu vrstu sklonosti smrtnikâ obdarenu povlasticom, upoznati završetak za kojim svi tragaju a niko ga ne nalazi?

Uvek sam verovao da je čovek osećao potrebu – svoga znanja, kao i svoga delovanja radi – za beskrajnim napredovanjem, za bezgraničnim vremenom, tako da bi se približio bezgraničnom idealu. Mnjenje po kome bi nauka mogla naći ili odista nalazi neki završetak određenom dobu, ocenjivao sam kao naučni kvijetizam koji u svim slučajevima pada u zabludu, bilo da se zadovoljava nekom individualno određenom granicom, ili da osporava svaku vrstu granice tamo gde postoji barem jedna, mada ne bi moralo da postoji nijedna.

No, to je bilo mogućno pod izvesnim uslovima o kojima bih želeo da strogo povedeš računa u željenom vremenu. Čekajući, dozvoli da te zapitam da li se hiperbola doista sjedinjuje sa svojom asimptotom, ako prelaz

O POJMU KAZNE

Ako su stari Nemezu predstavljali kao ćerku Noći, izgleda da to nije bilo zbog strave kojom je nadahnjivala nego zbog njenog tajanstvenog porekla. Neizbežni usud namenjen neprijateljima načelâ jeste da ih njihova tvrđenja nepogrešivo vode u začarani krug. **Demonstrirati.**

Oni bi po prilici rekli: „Kazna se sastoji u trpljenju zakonitog otpora, posledica je nekog rđavog delovanja." Ono je delovanje rđavo koje vodi kazni. A kazna iskrsava kada postoji rđavo delovanje. Oni su nesposobni da formulišu objektivni kriterijum rđavog delovanja. Jer, žele li biti logični, posledica mora, po njima, da odredi vrednost delovanja. Ako bi to da izbegnu, biće primorani da pođu od načela. Inače, određuju li vrednost delovanja zavisno od njegovih posledica, onda se one ne zasnivaju ni na kakvom višem moralu, a zakonitost otpora tek je samo jedna reč, kazna je kazna, i kada mi neko mehaničko povezivanje, slučajnost ili proizvoljnost, šta god biste hteli, dosudi ma kakvu neprijatnost, znaću da sam rđavo delovao. Tada nemam više ništa da pitam: ono što se odigrava, odigrava se s punim pravom, i zato se odigrava.

No, izgleda, u stvari, da se nešto slično dešava tamo gde se oblikuje prvobitni pojam kazne, u moralnoj svesti. Tu se moralni zakon očituje u našim očima negativno i, pošto je on beskraj, neće umeti da bude drukčiji. Zakon je zapravo delatna volja. Jer, neki zakon nije delatan već jedino predstavljena aktivnost. Ta delatna volja se neizbežno protivi drugačijem delovanju volje. Onemogućavani smo da hoćemo nešto drugo; takva je neposredna zapovest. Prisiljeni smo, dakle, da hoćemo nešto čemu se suprotstavlja moralni zakon. Ali, da je to moralni zakon, nismo znali prethodno, pre nego što će se on suprotstaviti našoj volji, a ni sada ne znamo kad nam se suprotstavlja. Njegov otpor podnosimo kao posledicu činjenice da smo hteli nešto protivno moralnom zakonu, i prema toj posledici određujemo vrednost našeg htenja. Pošto smo trpeli otpor, našu volju smatramo rđavom. Reklo bi se da smo nesposobni da ispitamo zakonitost tog otpora i, ako tako jeste, upoznajemo ga jedino putem našeg bola. On se ne razlikuje od ma kojeg drugog bola i sa istim pravom kao otpor, kojeg nazivam otpor moralnog zakona, tera me da zaključujem da je u pitanju rđava volja, pa od svakog pretrpljenog otpora zaključujem na neku rđavu volju. Svaki bol je kazna.

Postoji, ipak, razlika između saznajne osnove i realne osnove*. Reći čas: zakon spoznajem po njegovom otporu, i čas: zakon spoznajem zbog njegovog otpora – nije ništa manje nego identično. Jedino se oni za koje je otpor zakona realna osnova zakona nalaze uhvaćeni u začaranom krugu o kome smo govorili. Za njih, zakon ne postoji ukoliko ga ne osete putem otpora; njihova volja je protivna zakonu samo zato što oni osećaju to stanje nezakonitosti. U trenutku kada ne trpe nikakvo kažnjavanje, oni se ne nalaze u zlu. Kažnjavanje je posledica zla. Zlo jeste ono što vodi kažnjavanju.

No, konačno, ovo razlikovanje između saznajne osnove i realne osnove ne izgleda da je od velike pomoći. Ako je opiranje zakona s obzirom na moju volju – kazna, i ako ja zakon spoznajem samo po kazni, mogli bismo se, na prvom mestu, zapitati: mogu li ja spoznati zakon po kazni? A na drugom mestu: kako mogu da budem kažnjen zato što sam prekršio neki zakon kojeg nisam poznavao?

Na šta se može odgovoriti: u meri u kojoj se smatrate kažnjenim, nužno prihvatate da ste povredili zakon, a u meri u kojoj se kazna posmatra kao takva, nužno

SUD... I BIĆE...

Sud[2] je u najvišem i najstrožijem smislu izvorno razdvajanje objekta i subjekta najtešnje sjedinjenih u intelektualnom intuiranju, ono razdvajanje putem kojeg tek objekt i subjekt bivaju mogući, pra-deljenje[3]. U pojmu deljenja već počiva pojam recipročnog odnosa objekta i subjekta i nužno pretpostavlja neku celinu čiji su delovi objekt i subjekt. „Ja sam ja" jeste najbolji primer za taj pojam pradeljenja, kao *teorijskog* pradeljenja, jer kao praktično ono se suprotstavlja *ne-ja*, a ne *samom sebi*.

Stvarnost i mogućnost se razlikuju poput posredne i neposredne svesti. Ako o nekom predmetu mislim kao mogućnom, tada samo ponavljam prethodnu svest zahvaljujući kojoj je on stvaran. Za nas ne postoji ikakva misliva

* Prevodiočeve napomene uz ovu skupinu tekstova, videti na str. 65–67.

mogućnost koja ne bi bila stvarnost. Stoga pojam mogućnosti i ne važi za predmete uma, budući da se oni u svesti nikada ni ne pojavljuju kao ono što bi trebalo da budu, nego za njih važi samo pojam nužnosti. Pojam mogućnosti važi za predmete razuma, a pojam stvarnosti za predmete opažanja i intuitivnog saznavanja.

Biće – izražava spregu subjekta i objekta. Kada su subjekt i objekt potpuno, a ne samo delimično sjedinjeni, tako sjedinjeni da čak nikakvo deljenje ne može da se odigra a da se pri tome ne preinači suština onoga što treba da bude razdvojeno, tada i samo tada može biti reči o nekom *naprosto biću*, kao što je to slučaj prilikom intelektualnog intuiranja.

No, ovo se biće ne sme brkati sa identitetom. Kada kažem *ja sam ja*, tada subjekt (ja) i objekt (ja) nisu tako sjedinjeni da bi se ikakvo razdvajanje moglo izvesti bez preinačenja suštine onoga što treba da bude razdvojeno; naprotiv, *ja* je mogućno samo putem rečenog razdvajanja ja od ja. Kako bih, bez samosvesti, mogao reći: Ja! Ali, kako je moguća samosvest? Moguća je time što se ja suprotstavljam sebi, što se od sebe razdvajam, ali uprkos tom razdvajanju ja se u tom suprostavljenom spoznajem kao isti. No, u kojoj meri kao isti? Mogu, moram tako da pitam; jer, u nekom drugom odnosu, on se suprotstavlja sebi. Identitet, dakle, nije nikakvo jedinstvo subjekta i objekta koje se naprosto odigralo, identitet, dakle, nije = apsolutnom smislu.

SNEVAO SAM...

Snevao sam, moj Kalija! I moje snevanje je bilo slatko. Čarobni osvit je lebdeo nad mojim duhom, kao što lebdi nad dušama u Platonovom predvorju Jelisijuma. No, genije iz Meonije me je razbudio. Priđe mi donekle rasrđen, a ja duboko u sebi zadrhtah od njegovog poziva.

U slatkom pijanstvu počinuo sam na obali našeg arhipelaga, a moje oko se nasladivalo njegovim tako prijateljskim i spokojnim osmehom dok je ružičasta magla nad njim dobrostivo skrivala daljinu u kojoj ti živiš i, još dalje, naši junaci. Nežno i slatko, poput ruke milovanke moje Glicere,

sveži jutarnji zrak draškao mi je obraz. U detinjim snovima igrah se sa čarobnim stvorom. –
Iscrpljen plamtećim fantaziranjem, posegoh, najzad, za svojim Homerom.
Slučaj me navede da padnem na mesto na kome lukavi Laertov sin i Diomed, divljačni, prolaze usred noći, sutradan po bici, poljima pokrivenim oružjem i krvlju put neprijateljskog tabora gde Tračani, malaksali od poslova dana, daleko od stražarskih vatri, ležahu u dubokom snu. Diomed se kao pobesneli lav stušti među okolne spavače. Odisej, međutim, poče vezivati odlične konje kao ugodniji plen. I odstrani leševe onih koje je sasekao mač Diomedov, bojeći se da hatovi ne postanu nepoverljivi, pa u uho šapnu svom divljem saborcu da je vreme. Ovaj se još časak premišljaše. Da li bi kola sa svakojakim oružjem što stajahu ukraj njega podigao i poneo sa sobom ili bi trinaestorici Tračana koje je njegov mač pogodio pridodao još nekolicinu. Ali, Atena mu pristupi i nagna ga na povratak.
A zatim pobedničko slavlje posle smelog pothvata! Kako skaču s konja u prijateljski prihvat braće po oružju, ruke stišću jedni drugima uz slatke reči! Onda se bacaju u hladno more da speru znoj i osnaže umorne udove, i potom, podmlađeni i raspoloženi, sedaju za sofru i iz pehara ispijaju, kao sinovske žrtve, slatko vino zaštitnici Ateni. O, moj Kalija, kakvo osećanje trijumfa snage i srčanosti!
Moglo bi i tebi to biti dodeljeno, čujem glas, a želeo bih da svoje zažareno lice skrijem pod zemlju, tako me je jaki stid obuzeo pred našim i Homerovim junacima. Rešen sam sada, neka košta šta košta.
Ti bi morao nazreti kako sam teškoj opomeni svoga srca veštački nametnuo vesele boje da bih je učinio podnošljivijom i kao dobroj zamisli mogao da joj se nasmejem, i zaboravim je.

ODLOMAK FILOZOFSKOG PISMA

mora to imati u vidu i ništa drugo, na to mora misliti ako evocira neko božanstvo, i govori od srca a ne iz nekog uslužnog pamćenja ili iz svoje profesije. Nekoliko reči je dovoljno za dokaz. Niti na osnovu sebe samog, niti na osnovu predmeta koji ga okružuju, čovek ne može spoznati da postoji išta osim mašinskog funkcionisanja[4], da postoji neki duh, bog, u svetu, ali to svakako može u nekom življem odnosu u kome stoji sa onim što ga okružuje, odnosu koji se uzdiže iznad ravni potrebe.

I svako bi, dakle, imao svog sopstvenog boga, u meri u kojoj svako ima sopstvenu sferu u kojoj deluje i koju spoznaje, a to je samo u meri u kojoj više ljudi imaju zajedničku sferu u kojoj ljudski, tj. uzdignuti iznad ravni potrebe, deluju i pate, e i u toj meri samo imaju oni zajedničko božanstvo; i ako postoji neka sfera u kojoj žive, u isti mah, svi ljudi i u kojoj se osećaju međusobno vezani mimo ikakve nužde, tada – i jedino u toj meri – svi imaju neko zajedničko božanstvo.

No, pri tome se ne sme zaboraviti da se čovek svakako može staviti i u položaj drugog, da sferu drugog može učiniti sopstvenom, te da mu ne može teško pasti da spontano obrazuje način kako da oseti i sebi predstavi božansko koje se sazdaje iz naročitih odnosa u kojima on stoji sa svetom – mada inače ova predstava nije proistekla iz nekog strasnog, neobuzdanog ili ropskog života, iz čega onda uvek takođe sledi neka naoko nedovoljna i strasna predstava o duhu koji vlada, sazdaje se u tom životu, tako da taj duh uvek nosi lik tiranina ili roba. No, i u ograničenom životu, čovek može beskrajno živeti, a i ograničena predstava božanstva, proizišlog za njega iz tog života, može biti beskrajna. **Razviti.**

Dakle, kao što neko može odobravati ograničeni ali čisti način života drugog, tako može odobravati ograničen ali čisti način predstave koju drugi ima o božanskom. Dokle god se, pak, ljudi ne povređuju i ne gneve, niti su tlačeni ili pobunjeni, zahvaćeni pravednom ili nepravednom borbom, oni osećaju, naprotiv, potrebu da združe svoje različite predstave o božanskom, baš kao i sve ostalo što se tiče njihovog interesa, i tako svoju slobodu predaju ograničenosti svojstvenoj i obavezno svojstvenoj svakom pojedinačnom načinu prestavljanja, pri čemu je ona obuhvaćena harmoničnom celinom predstavâ. Kako, opet, upravo u svakoj posebnoj predstavi počiva i značenje posebnog načina svačijeg života, neizbežna ograničenost tog načina života stiče svoju slobodu time što ona biva obuhvaćena harmoničnom celinom mnogih načina života.

Pitaš me zašto ljudi – iako se, po svojoj prirodi, uzdižu iznad nužde, i time uspostavljaju tešnje, višestrukije i dublje odnose sa svojim svetom, iako, u *meri* u kojoj se uzdižu iznad (fizičke i moralne) potrebe, vode ipak u ljudskom smislu viši život (tako da između njih i njihovog sveta postoji neka viša *sudbina*, neka više nego mehanička *veza*), iako im je doista ta viša veza najsvetija, jer se oni sami osećaju sjedinjeni sa svojim svetom i sa svim što imaju i jesu – zašto moraju, pitaš, da sebi prave ideju ili neku sliku o svojoj sudbini koja se, strogo gledano, ne može pravo ni misliti niti čulima predočiti?

Tako me pitaš, a ja ti na to jedino mogu odgovoriti da čovek nadilazi neposrednu potrebu samo u meri u kojoj se *seća* svoje sudbine, u kojoj može i želi biti *zahvalan* za svoj život, da svoju vezu sa elementom u kome se kreće *oseća* kao sveprožimajuću, da se time, svojom delatnošću i s njom povezanim iskustvima, uzdiže nad elementarnom nuždom, i kuša beskrajnije zadovoljavanje, sveobuhvatnije od pukog zadovoljavanja potreba, samo ako – s druge strane – njegova aktivnost ima pravu meru, nije preterana s obzirom na njegove snage i njegovu spremnost, ako nije odveć nepostojana, odveć neodređena, niti opet suviše smela, suviše ograničena, suviše umerena. No, segne li kako valja, naći će čovek, u svakoj od njemu svojstvenih sfera, više nego naprosto nuždi podložan život, viši život, dakle manje nuždi podložno, neko beskrajnije zadovoljavanje. Tako, kao što je sada svako zadovoljavanje privremeno mirovanje *stvarnog života*, isto je i s takvim beskrajnijim zadovoljavanjem, samo s tom bitnom razlikom da se na zadovoljavanje pukih potreba nadovezuje *negativno* stanje, npr. životinje kada su site obično spavaju; ali, iako je beskrajnije zadovoljavanje doduše izvesno mirovanje *stvarnog života*, taj se život, ipak, odigrava u duhu, a čovek se služi svojom snagom da bi u duhu ponovio stvarni život koga mu je zadovoljavanje podarilo[5]. Tu beskrajniju, manje nuždi podložnu vezu, velim, tu višu sudbinu, koju čovek spoznaje u elementu u kome se kreće, čovek i doživljava beskrajnije, zadovoljava ga beskrajnije, a iz tog zadovoljavanja proishodi duhovni život u kojem on, takoreći, ponavlja svoj stvarni život. No, u meri u kojoj u njegovom stvarnom životu postoji viša, beskrajnija veza između njega i njegovog elementa, ona ne može biti ponovljena ni naprosto u *mislima* ni naprosto u *pamćenju*, jer puka misao, koliko god da je plemenita, ipak može da reprodukuje jedino *nužnu vezu*, jedino nesalomive, opštevažeće, neophodne zakone života; tek u stepenu u kojem se misao odvažuje da iskorači iz njoj svojstvenog područja i misli dublje veze života, ona se odriče i svog posebnog karaktera, karaktera da može biti sagledana i dokazana bez naročitih primera. Doduše i ti beskrajniji odnosi koji premašaju nužnosti života mogu takođe biti mišljeni, ali *jedino* mišljeni; misao ih ne iscrpljuje, a ako postoje više zakonitosti koje određuju tu beskrajniju vezu života, ako postoje nepisani božanski zakoni, o kojima govori Antigona kada je, uprkos javnoj strogoj zabrani, sahranila brata, a ti zakoni svakako moraju postojati ako spomenuta viša veza nije tek puka utvara – pa kažem, ako takvi postoje, onda su, u meri u kojoj su pojmljeni i predstavljeni *naprosto* u sebi a ne u životu, nedovoljni. Najpre, jer upravo u stepenu u kojoj je veza života beskrajnija, aktivnost i njen element, postupak i sfera u kojoj se on zapaža, dakle zakon i posebni svet u kome se on primenjuje, povezani su beskrajnije, a zakon upravo stoga, čak i ako ne bi važio za sve civilizovane ljude[6], nikada ne može, osim u nekom posebnom slučaju, biti apstraktno mišljen a da ne bude lišen svoje posebnosti, svoje duboke povezanosti sa sferom u kojoj se upražnjava. Pa onda su i zakoni rečene beskrajne veze, u kojoj čovek sa svojom sferom može biti situiran, uvek samo uslovi pod kojima je ta veza moguća, a da ne čine samu vezu.

Ova veza višeg reda ne može, dakle, biti naprosto reprodukovana u mislima. Mogućno je govoriti o dužnostima ljubavi, i prijateljstva, i srodstva, o dužnostima gostoljublja, o dužnosti da se jenodušno bude protiv neprijatelja, mogućno je govoriti šta odgovara ili ne odgovara ovom ili onom načinu života, ovom ili onom položaju, ovoj ili onoj starosti ili polnosti, a u stvari smo od tih tananih beskrajnih veza života delimično napravili arogantni moral, delimično zaludnu etiketu ili, pak, bljutavo pravilo dobrog ukusa, te verujemo da smo s našim gvozdenim pojmovima prosvetljeniji od starih za koje su ovi istančani odnosi bili religiozni, to jest takvi da ih je valjalo posmatrati s obzirom na *duh* koji vlada sferom u kojoj su se ti odnosi zapodeli, pre nego s obzirom na ono što jesu za sebe. I bili su u tome u pravu, jer – kao što smo već videli – upravo u stepenu u kojem odnosi prevazilaze ono što je fizički i moralno nužno, postupak i njegov elemenat su utoliko nerazlučivije povezani i mogu biti apsolutno mišljeni u formi određenih osnovnih iskustava. I to je upravo više prosvetljenje koje nam, najvećim delom, nedostaje. Ti tanani i beskrajni odnosi moraju, dakle, biti posmatrani sa stanovišta duha koji vlada sferom i u kojoj se oni uspostavljaju. Ali, taj duh, ta beskrajnija veza, sam taj odnos, tj. takvi su da ljudi koji su njima zahvaćeni mogu postojati izolovano jedni od drugih, te da ti pravni odnosi postaju pozitivni tek svojim preturanjem, tj. preturanjem koje nije nikakvo propuštanje nego je nasilni čin, i tako je opet upravo nasiljem i prinudom sputano i ograničeno, pa dakle i zakoni, po sebi negativni, koji upravljaju navedenim odnosima, bivaju pozitivni samo pod pretpostavkom svog nadmašenja; tu, naprotiv, ti sloboniji odnosi, dokle god jesu ono što jesu i nenarušeno postoje.

Znak za nastavak[7]

Razlika između religioznih odnosa i intelektualnih, moralnih, pravnih, s jedne, i fizičkih, mehaničkih, istorijskih odnosa, s druge strane, takva je da religiozni odnosi, s jedne strane, poseduju u svojim delovima ličnost, uzajamno ograničavanje, negativnu koegzistenciju sličnih elemenata, što sve odlikuje intelektualne odnose, i – s druge strane – unutrašnju vezu, međusobnu predanost, nerazlučivost svojih delova, što karakteriše delove nekog fizičkog odnosa. Otuda religiozni odnosi, u svojoj *predstavi*, nisu ni intelektualni ni istorijski, nego intelektualno istorijski, tj. *mitski*, i to podjednako što se tiče njihove građe i što se tiče njihovog izlaganja; i čovek to shvata jasnije ili tamnije putem neke slike čiji karakter izražava karakter samosvojnog života kojeg svako, na svoj način, može živeti beskrajno i živi ga. Što se tiče građe, odnosi neće, dakle, sadržavati naprosto ideje, pojmove ili karaktere, kao ni naprosto događaji, činjenice, niti oboje odvojeno. Sadržavaće oboje u jednom, i to tako kada lični delovi, koji sazdaju središnjicu, unutrašnju sadržinu, imaju veću težinu, predstava, spoljašnja sadržina, postaće istoričnija (epski mit), a kada je događaj središnji deo, unutrašnja sadržina, spoljašnja sadržina će postajati ličnija (dramski mit); samo, ne zaboravimo da su lični delovi, kao i istorijski delovi, uvek samo uzgredni delovi s obzirom na pravi glavni deo, s obzirom na *boga mita*. **Ostaje još da se odredi lirski mit.**[8]

Podjednako je i izlaganje mita. Njegovi delovi biće, s jedne strane, raspoređeni tako da, zahvaljujući njihovom savršeno udešenom međusobnom podešavanju, nijedan neće odviše štrčati i da će svaki upravo time sačuvati izvesnu samostalnost, pa će i u toj meri izlaganje imati intelektualni karakter. Svaki deo će, s druge strane, idući nešto dalje nego što je potrebno, sačuvati upravo time onu nerazlučivost koja je, inače, svojstvena samo delovima nekog fizičkog, mehaničkog odnosa.

Tako bi svaka religija, po svojoj suštini, bila poetska.

(Ovde bi se sada moglo govoriti o objedinjavanju više religija u jednu, pri čemu bi svaka poštovala svoga boga a sve – jedan opštiji, viši život, mitski svetkujući svetkovinu života. Nadalje bi se moglo još govoriti o utemeljiteljima religija, i o sveštenicima, šta bi oni bili sa ovog gledišta; oni, utemeljitelji religija (ako nisu očevi porodice koja nasleđuje posao i umešnost istih), ako oni nekom

SEDAM MAKSIMA

I

Zanos je stepenovan. Postoji beskrajna gradacija od puke veselosti, koja nesumnjivo stoji najniže na lestvici, do zanosa vojskovođe koji u jeku bitke, pri punoj lucidnosti, opaža moć svoga genija. Penjati se i silaziti tom lestvicom jeste poziv i naslada pesnika.

II

U periodi postoje inverzije reči. Ali, inverzija periode same mora biti još veća i delotvornija. Logički raspored perioda, kada osnovi (osnovna perioda) sledi postajanje, postajanju cilj, cilju svrha, dok se sporedne rečenice uvek samo naprosto nadovezuju na glavne rečenice na koje se odnose

– izvesno je jedino da je cela ta konstrukcija više nego retko upotrebljiva za pesnika.

III

Zanos dat svakom pojedincu meri se po tome da neko, čak i pri najživljoj ponesenosti, čuva lucidnost u nužnom stepenu, dok je drugi sve većma gubi. Granica tvog zanosa je tamo gde te sumornost napušta. Veliki pesnik nikada sebe ne napušta, toliko je iznad sebe koliko hoće. Može se *pasti* u visinu, kao što se pada u dubinu. Elastičnost duha sprečava potonji pad, sila teže, koja počiva u sumornom razmišljanju, sprečava prvospomenuti pad. Ipak, ako je precizno, vatreno, lucidno i snažno, osećanje je, svakako, najbolja sumornost, i najbolja pesnikova refleksija. Ono je uzda i mamuza duhu. Njegova vatrenost podstrekava duh, njegova istančanost, preciznost i lucidnost ispisuju duhu granice i drže ga da se ne izgubi; tako je ono, istovremeno, razum i volja. Ali, ako je ono suviše blago, suviše mekušno, onda umire, nagrizajući crv. Biva li duh ograničavan, osećanje odveć strepi onda od te trenutne međe, pregreva se, gubi lucidnost i u bezumnom nemiru gura duh u bezgranično; što je duh, pak, slobodniji, i munjevito se uzdiže iznad pravila i građe, tada je osećanje prestrašeno pred opasnošću da ga vidi kako se gubi, pa baš kao što se ranije bojalo ograničavanosti duha, sad postaje hladno i mračno, oslabljuje duh tako da ovaj ponovo pada i ukrućuje se, rastače u izlišnim sumnjama. Kada osećanje jednom tako oboli, budući da to poznaje, pesnik ne može da učini ništa bolje nego da ni u kom slučaju ne dozvoli da ga ono zaplaši, i da o njemu vodi računa tek toliko da napreduje na nešto sadržajniji način, služeći se što je mogućno lakše razumom da bi ispravio osećanje, bilo ono ograničavajuće ili oslobađajuće, te ako se više puta bude tim ispomagao – vratiće osećanju prirodnu sigurnost i konzistenciju. Mora se, uostalom, odreći želje da u svakom pojedinom momentu dosegne celinu i naučiti da podnosi ono što je trenutno nezavršeno. Njegovo zadovoljstvo mora se sastojati u samonadmašenju od trenutka do trenutka, *po meri i načinu koje stvar iziskuje*, sve dotle dok glavni ton ne osvoji celinu. No, mora se paziti pomisli da on sebe može nadmašiti jedino u *crescendu* od najslabijeg do najjačeg, jer bi time postao neistinit i sebe prenapregao; mora osećati da dobija na lakoći ono što gubi na značajnosti, da će spokoj zameniti žestinu, a sabranost polet. I tako, u nastavljanju njegovog dela neće postojati nikakav nužni ton koji nije donekle prevaziđen, a vladajući ton uspostaviće se samo zato što će celina biti komponovana na taj a ne na neki drugi način.

IV

Jedino je ono najistinitija istina u kojoj i zabluda postaje istina, jer je u celom njenom sistemu smešta u odgovarajuće vreme i na odgovarajuće mesto. Ona je svetlo koje sebe i noć obasjava. Tako je i vrhunska poezija tek ona u kojoj i nepoetsko, jer je rečeno u pravom času i na pravom mestu u celini umetničkog dela, biva poetsko. Ali, u tu svrhu je najneophodnji brzi pojam, velika brzina razumevanja. Kako možeš da upotrebiš stvar na pravom mestu ako se još nad tim bojažljivo maješ, pitajući se o njoj i šta se s njom, više ili manje, može napraviti. Večni je užitak, božanska radost svakoj pojedinosti naći mesto u celini, tamo gde spada; otuda bez razuma ili bez neke u potpunosti organizovane osećajnosti, nema savršenstva, nema života.

V

Mora li čovek, dakle, da gubi na stvaralačkoj umešnosti u čulnoj snazi ono što dobija na duhovnom rasponu? Nije li prvo ipak ništa bez drugog!

VI

Radosti radi nagnaćeš sebe da razumeš čistotu uopšte, ljude i sva ostala bića, da shvatiš „sve suštastveno i značajno" istih, i da spoznaš sve međusobne odnose, i da sebi ponavljaš njihove sastavne delove u njihovoj uzajamnoj vezi sve dotle dok živo opažanje ponovo *objektivnije* ne izbije iz mišljenja, s radošću, pre nego što nužda nastupi, jer je razum, koji naprosto iz nužde potiče, uvek na jednu stranu nagnut.

Ljubav je, naprotiv, sklona tanano otkrivenom (ako duša i čula nisu, usled teške kobi i kaluđerskog morala, postala bojažljiva i sumorna), i ništa ne ostavlja nepregledano, a kada na navodne zablude i greške naiđe, na delove koji se, zbog onoga što jesu ili njihovim smeštajem i kretanjem, privremeno izmiču iz tona celine, utoliko samo dublje oseća i sagledava celinu. Otuda bi sve saznavanje trebalo da počne od izučavanja lepog – jer mnogo će dobiti onaj ko je kadar razumeti život a da ne žali. Uostalom, i ushićenost i strast su dobre, te skrušenost koja ne dodiruje život, niti hoće da ga spozna, a zatim beznađe kada život sam iskrsne iz svoga beskraja. Duboki osećaj sopstvene smrtnosti, osećaj preinačenja, svoje vremenske ograničenosti, potpaljuje čoveka da mnogo pokušava, sve svoje snage koristi i ne dopušta mu da dokoliči, i čovek se bori s himerama dotle dok se opet, najzad, nešto istinsko i stvarno ne ponudi njegovom saznavanju i delovanju. U dobrim razdobljima zanesenjaci su retki. No, kada čoveku nedostaju veliki, čisti predmeti, onda on iz bilo čega stvara neku fantomsku tvorevinu i zatvara oči da bi se njom mogao zanimati i za nju živeti.

VII

Kao najvažnije se pokazuje da se savršena bića ne luče suviše od onoga što je inferiorno, da se najlepša ne udaljavaju dovoljno od varvarskog, ali i da se ni ne brkaju suviše, *da umeju tačno i bestrasno spoznati rastojanje koje ih odvaja od drugih i da im to saznanje određuje šta imaju činiti, šta trpeti.* Izoluju li se suviše, onda gube na delotvornosti, i sunovraćuju se u usamljenost. Mešaju li se suviše, i onda opet nikakva prava delotvornost nije moguća, jer ili govore i deluju protiv drugih kao da su im ovi ravni, previđajući tačku nedostatka kod drugih na kojoj bi najpre morali biti zahvaćeni, ili im se suviše dobro prilagođavaju i ponavljaju grešku koju bi trebalo da isprave; u oba slučaja njihovo delovanje je ništavno i moraju nestati bilo zato što se uvek bez odziva, trošeći se, ispoljavaju, te ostaju usamljeni uprkos svoj borbi i preklinjanju, bilo zato što odveć uslužno u sebe primaju ono tuđe, vulgarnije, i time se ugušuju.

ALI MUDRACI...

Ali mudraci koji samo duhom, samo opšte razlikuju, svom brzinom hitaju ponovo u čisto bivstvovanje[9], i padaju u ravnodušje, utoliko veće što veruju da su dovoljno razlikovali, te neprotivstavljanje kome su utekli drže za večno. Oni su prevarili svoju prirodu, pokazujući joj samo najniži stupanj stvarnosti, senku stvarnosti, idealnog protivstavljanja i razlikovanja, a ona im se sveti time

EPISTOLARNI ODLOMCI
O AHILOVOM KARAKTERU

I

Raduje me da si govorio o Ahilu. On je moj najomiljeniji od junaka, istovremeno jak i blag, najsavršeniji i najprolazniji cvet u svetu junakâ, po Homeru „rođen da ne živi dugo", upravo zato što je tako lep. I gotovo poželeh pomisliti da mu drevni pesnik dopušta da se tako malo pojavljuje na delu, i ostavlja druge da larmaju, dok njegov junak sedi pod šatorom, samo zato da bi ga što je moguće manje profanisao u gunguli pred Trojom. O Odiseju je mogao da ispriča mnoštvo stvari. Ovaj je džep pun sitniša koji se da brojati nadugačko; ali, kada je reč o suvom zlatu, s brojanjem je brže gotovo.

II

Pa ipak, ponajviše volim i divim se pesniku nad svim pesnicima zbog njegovog Ahila. Jedinstveno je s kakvom je on ljubavlju i s kakvim duhom proniknuo taj lik, i podržao ga, i podigao. Uzmi drevne gospare, Agamemnona i Odiseja, i Nestora, s njihovom mudrošću i ludošću, uzmi larmadžiju Diomeda, Ajanta zaslepljenog mahnitošću, i uporedi ih s genijalnim, svemoćnim, melanholično blagim božjim sinom, Ahilom, s tim *enfant gâté*[10] prirode, i pogledaj kako ga pesnik, tog mladića lavlje snage, punog duha i ljupkosti, smešta između prerano sazrele pameti i sirovosti, pa ćeš otkriti čudo umetnosti u Ahilovom karakteru. U najlepšem je kontrastu mladić sa Hektorom, plemenitim, odanim, skromnim muškarcem, koji je u potpunosti junak po dužnosti i po istančanoj savesti, dok je drugi sve to po prirodnom bogatstvu i lepoti. I oni su protivstavljeni kao srodnici, tako da baš zbog toga biva tragičnije kad, na koncu, Ahil sreće Hektora kao smrtnog neprijatelja. Prijateljski Patroklo je umilno privržen Ahilu, i tako je divni parnjak prkosniku.

Očito je takođe koliko je Homer visoko uvažavao junake mile njegovom srcu. Često smo se čudili zašto Homer gotovo da nije dozvolio da se pojavi srdžba Ahilova, mada je hteo da je opeva. Nije hteo da profaniše božanskog mladića u gunguli pred Trojom.

Idealno biće nije smelo da se pojavi u svakodnevlju. I on doista nije mogao da ga opeva divnije i tankoćutnije nego time što ga drži po strani (jer se mladić u svojoj genijalnoj prirodi, kao beskonačnik, oseća beskonačno uvređenim od Agamemnona, oholog na svoj rang), i u dane kada je Jedinstveni odsutan u vojsci, svaki grčki gubitak podseća na njegovu nadmoć nad svom silom sjajnih gospara i uslužnika, pa njegova odsutnost čini utoliko vrednijim retke trenutke kada mu pesnik dopušta da se pred nama pojavi. I ti trenuci su onda obeleženi čarobnom snagom, a mladić se pokazuje naizmenično tužan i goropadan, neiskazivo dirljiv, te tada opet strašan, i to postupno traje do sve do kraja, da bi u tom poslednjem času njegova bol i srdžba dostigli vrhunac kada silna oluja grune i umine, a božanski se sin, uoči svoje smrti, koju predviđa, miri sa svima, čak i sa starim ocem Prijamom.

Posle svega što mu je prethodilo, taj poslednji prizor je nebeski.

IZ PROGRAMSKOG NACRTA ZA ČASOPIS IDUNA

obasipa je čašću prirodnog produkta[11]. Učene kritike i biografije, kao i svaka spekulacija koja spada samo u polemiku, izvan su našeg cilja.

Nikakva hladna frivolnost, već prostodušnost[12], jednostavni i jasni raspored, sažetost celine – nikakvi afektirani i obesni skokovi i otkloni.

STANOVIŠTE S KOJEG VALJA DA GLEDAMO NA ANTIKU

Sanjamo o kulturi, skrušenosti itd. – nemajući pri tome nijednu, jer one su stečene. Sanjamo o originalnosti i samostalnosti, verujemo da govorimo nove stvari, a sve je to pak reakcija, takoreći blaga osveta zbog potčinjenosti kojom se odnosimo prema antici. Reklo bi se doista da drugog izbora nemamo, da smo pritisnuti teretom stečenog, i pozitivnog, ili da, nasilnim prisvajanjem, našu živu snagu suprotstavimo svemu naučenom, datom, pozitivnom. Najteže je, izgleda, pri tome što se antika, po svemu sudeći, u potpunosti protivstavlja našem iskonskom instinktu koji teži da oblikuje neuobličeno, da usavrši izvorno prirodno, tako da je čovek, koji je rođen za umetnost, spontano i svuda radije sklon sirovom, neučenom, detinjem, nego već oblikovanoj građi kod koje on, hoteći da oblikuje, nema više šta da traži. I opšti uzrok propasti svih naroda je, naime, bio da je njihova originalnost, njihova autentična živa priroda, potpala pod pozitivne forme, pod luksuz, koje su proizveli njihovi očevi[13], a to izgleda da je i naša sudbina, samo u većoj meri, jer ono što nas opterećuje i deluje na nas jeste gotovo bezgranični minuli svet kojeg bivamo svesni bilo putem poučavanja bilo putem iskustva[14]. S druge strane, ništa ne izgleda pogodnije od baš samih okolnosti u kojima živimo. Ovde bih morao da ponešto produbim, pa molim da sledeće ideje imate osobito u vidu. *Postoji, naime, razlika između toga da li onaj oblikujući instinkt deluje slepo, ili sa svešću, da li zna otkuda potiče i čemu stremi, jer jedini nedostatak ljudi jeste da njihov oblikujući instinkt ume da zaluta, da se uputi u nedostojnom, naprosto lažnom smeru, ili pak da promaši sopstveno mesto, ili – nađe li ga – da zastane na pola puta, zastane na sredstvima koja bi trebalo da ga dovedu do njegovog cilja*[15]. *Da bi se to u što manjem stepenu događalo, obezbeđujemo se time da znamo odakle potiče i kuda ide rečeni oblikujući instinkt, da spoznamo najbitnije pravce duž kojih se on upućuje svome cilju, kao i da nam ne budu nepoznati zaobilasci ili ćorsokaci u koje može skrenuti, te da sve što je pred nama i oko nas proisteklo iz tog instinkta* posmatramo kao proisteklo iz opšteg iskonskog temelja iz kojeg on, sa svojim produktima, proističe odasvuda, da spoznamo najbitnije pravce kojima se on pred nama i oko nas upućuje, kao i njegova lutanja oko nas, pa će nam onda taj isti temelj, živ i svuda jednak, koga primamo kao izvorište čitavog oblikujućeg instinkta, ukazati na naš sopstveni smer koji je, sa svoje strane, određen prethodnim pravcima, čistim i nečistim, koje zahvaljujući uvidu ne ponavljamo, tako da se u *prasnovu svih dela i činova ljudi osećamo jednaki i sjedinjeni sa svima, koliko god oni bili veliki ili mali, ali što se tiče posebnog smera* kojim se upućujemo,

Naš posebni smer *delanje*. Reakcija na pozitivno oživljavanje mrtvog putem *realnog recipročnog objedinjavanja* istog.

ZAPISAK O HOMERU

NB. U pismima o Homeru, najpre likovi, zatim situacije, najzad akcija, koja je, u karakternoj drami, tu zamišljena radi lika i glavnog lika, jer počev od *smene tonova*

REČ O *ILIJADI*

Ponekad ni sa samima sobom nismo saglasni kad je reč o odlikama različitih ljudi, gotovo smo smeteni kao deca kada ih pitaju koga od bližnjih više vole, jer svak ima svoje dobre osobine, ali i nedostatke. Neko nam se preporučuje time što on prostor svog života u potpunosti ispunjava, pri čemu su se njegovo srce i njegov razum prilagodili ograničenoj, ali ljudskoj prirodi ipak prikladnoj situaciji; takvog nazivamo prirodan čovek, jer on sa svojim jednostavnim svetom formira harmoničnu celinu, premda izgleda, upoređen s drugima, da mu nedostaje energije, kao i, opet, na dubini osećanja i duha. Drugi nas zanima više zbog veličine, silovitosti i ustrajnosti svojih snaga i mnjenja, zbog odvažnosti i dara požrtvovanosti, ali nam se otkriva kao odveć napet, nezajažljiv, nasilan i jednostran u izvesnim slučajevima, suviše u protivrečju sa svetom. Treći nas, opet, pridobija većom harmonijom svojih unutrašnjih snaga, savršenstvom, integritetom, dušom, kojima prima utiske, značenjem koje poprima i može poprimiti za njega neki premet, svet koji ga okružuje, u svojim pojedinačnostima, kao i u ukupnosti, pa se onda to značenje nalazi u onome što izražava o tom predmetu, a kako nas beznačajnost više nego sve ostalo boli, utoliko nam je i draže prihvatiti onoga ko nas i prostor u kome živimo uzima istinski ozbiljno, pri čemu nam je njegov način gledanja i osećanja potpuno pristupačan i dovoljno lak da ga dokučimo. No, počesto smo u iskušenju da pomislimo kako on, predan duhu celine, premalo vodi računa o pojedinačnom, da on, za razliku od drugih koje drveće sprečava da vide šumu, zaboravlja drveće zbog šume, te da je, uza svu svoju duševnost, prilično nerazumljiv, pa stoga i za druge nerazumljiv.

I ponovo sebi onda velimo da nijedan čovek ne bi mogao sve biti u svom spoljašnjem životu; da bi čovek postojao, sa svešću, u svetu, trebalo bi da se odredi po preciznom izboru, da svoje sklonosti i okolnosti neki nameni za ovu, a drugi za drugu posebnost, da se ta posebnost onda najvećma očituje, što je nesumnjivo, ali i da ostale odlike, za koje žalimo kad ih ne uočavamo kod njega, ipak potpuno ne izostaju kod pravog karaktera, s tim što one samo ostaju više u pozadini, da te odlike zbog čijeg se odsustva žali

O RAZLIČITIM NAČINIMA U PESNIŠTVU

> Na prvom mestu je svakako voda; poput zlata
> Sija plamteća
> Vatra u noći
> Dar   Plutonov,
> Ipak dolaziš pobedu da opevaš
> Drago srce!
> Ne tražeći nikakvo drugo
> Cvatuće sjajno sazvežđe,
> Kao sunce po danu
> U samotnom eteru[16]

Ponekad ni sa samima sobom nismo saglasni kad je reč o odlikama različitih ljudi. Svak ima svoje dobre osobine, ali i nedostatke. Ovaj nam se dopada zbog jednostavnosti, tačnosti, neusiljenosti kojom se drži određenog smera što

Ogledi i nacrti 25

ga je sebi zadao. Razni momenti njegovog života se međusobno nadovezuju bez prekida i lako, sve kod njega ima svoje mesto i vreme; nema kolebanja niti smućenosti, a budući da se drži uobičajenog, retko je izložen većim naporima i sumnjama. Određen, jasan, uvek isti i umeren, prilagođen mestu i času, potpuno u sadašnjosti, nikada nam sneruke, čak i kada nismo prenapeti i poneseni, dopušta nam da budemo ono što jesmo, lako nam je s njim se sporazumeti. Ne donosi nam ništa veliko, i zapravo nas ne zanima dublje. Ali, ne odgovara li nam ponekad upravo takvo ponašanje, nije li ono naša prava potreba naročito kada smo pod udarom žešćeg uzbuđenja, jer nam pomaže da najlakše povratimo ravnotežu, ponovo postignemo svoj mir i razbistrimo duh.

Opisani karakter nazivamo prvenstveno *prirodnim*, i s tim pokloničkim izrazom nismo manje u pravu od onog između sedam mudraca koji je, svojim jezikom i iz okrilja svoga načina predstavljanja, tvrdio da je sve što jeste nastalo od vode. Jer, ako u moralnom poretku priroda, kao što to doista izgleda, napreduje uvek počev od najjednostavnijih uslova i oblika života, onda se s razlogom ovi jednostavni karakteri nazivaju najizvorniji, najprirodniji.

[

]

bilo shvaćeno, onda bi svako, ko bi o tome hteo da iznese svoje mišljenje, nužno trebalo da se najpre razjasni posredstvom pouzdanih pojmova i reči.

Tako je i ovde.

Prirodni ton, koji odlikuje epsku pesmu, prepoznaje se lako već po svom spoljašnjem vidu.

Povodom jednog jedinog mesta kod Homera može se reći upravo sve ono što se o tom tonu može reći kada je u pitanju većina i celina. (Kao što uopšte, u nekoj dobroj pesmi, govorna perioda može predstavljati celo delo, isto važi i u slučaju ovog tona i ove pesme.) U tu svrhu ću izabrati Fenikov govor kada on pokušava da razgnevljenog Ahila izmiri sa Agamemnonom i ponovo pomogne Ahajcima u borbi protiv Trojanaca.

> Tebe othranih junaka, Ahileju podobni bogu,
> od srca voleći tebe, jer nisi hteo sa drugim
> ni u gozbovanje ići ni u kući jesti, dok ja te
> nisam na kolena metn'o i komad ti odrez'o mesa
> pa te nahranio tako i potom ti pružio vina.
> Dosta si puta meni na grud'ma pomočio ruho
> prolivši vino iz usta jer nespretan beše k'o dete.
> Tako se za te mnogo utrudih i namučih mnogo,
> misleći kako meni potomstva ne daše bozi,
> te ja tebe posinih, Ahileju podobni bogu,
> da bi ti mene jednom od sramotne branio bede.
> Ali ponosno srce, Ahileju, svladaj, jer tebi
> tvrdo ne priliči srce; i sami se bogovi mogu
> ganut', u kojih su veće čast, vrlina i snaga.[17]

Izvedeni, postojani, doista pravi ton upada u oči.

I tako drži se onda i epska pesma, na najvišoj ravni, za stvarno. Posmatrana s obzirom na tu svoju posebnost, ona je slikanje karaktera, a sagledana s tog stanovišta, *Ilijada* budi interesovanje i da se objasniti sa svih strana. I ako su događaji i okolnosti koji su poslužili predstavljanju karakterâ izvedeni tako istančano, onda je to pre svega zato što se, bez preinaka, pojavljuju u likovima koji u njima žive, a da oni pri tome ne izlaze iz svojih uobičajenih stanja i raspoloženja. U slikanju karakterâ, i sva ostala preimućstva prirodnog tona onda nalaze svoje pravo mesto. Ovo *vidljivo* čulno jedinstvo – da sve prvenstveno potiče od junaka i opet se na njega vraća, da su početak, katastrofa i kraj vezani za njega, da su svi likovi i situacije, u ukupnoj njihovoj mnogostrukosti, zajedno sa svim što se zbiva i kazuje, poput tačaka duž neke linije, usmereni na trenutak kada se on pojavljuje u punoj svojoj individualnosti – *takvo* jedinstvo jeste, kao što se lako uviđa, mogućno jedino u delu čiji je cilj predstaviti karaktere i čija središnja tačka počiva u glavnom liku.

Saglasno tom cilju, iz njega proističe i staložena umerenost, svojstvena prirodnom tonu, u kojoj se karakteri pokazuju dobro uklopljeni unutar svojih granica i višestruko tanano iznijansirani. Izgleda li umetnik, u pogledu na pesničku vrstu o kojoj je reč, stoga tako umeren, onda to ne znači da on ovaj postupak smatra za jedino poetski; krajnosti i protivstavljanja on ne izbegava, na primer, zato što mu one ni u kom slučaju nisu potrebne, budući da mu je dobro poznato da na pravim mestima istinski poetski postoje krajnosti i protivstavljanja ličnosti, zbivanja, misli, strasti, slika, emocija, nego ih isključuje jedino zato što mu, u tom trenutku, ne odgovaraju delu. Prisiljen da sebi izabere čvrsto stanovište, odlučio se za individuum, karakter svog junaka čiju su zbiljnost, određenu autentičnu egzistenciju, oblikovale priroda i obrazovanje. No, upravo bi se ta individualnost karaktera izgubila u krajnostima. Ako Homer ne bi svoga zapaljivog Ahila s blagom brižnošću izvlačio iz gungule, jedva da bismo božanskog sina još razlikovali od elemenata koji ga okružuju, i tek kada ga mirno otkrivamo pod šatorom, kako s lirom od srca i radosno peva o podvizima ljudskim, dok mu Patroklo sedi uz kolena i ćuteći čeka da se pesma završi, samo tada nam je mladić istinski pred očima.

Samo stoga, dakle, da bi sačuvao individualnost predstavljenog karaktera, što mu je u tom času najvažnije, epski pesnik je tako potpuno umeren.

A ako su okolnosti u kojima se nalaze epski karakteri tako tačno i potanko prikazane, onda to opet ne znači da pesnik svu poetsku vrednost polaže na to opisno cepidlačenje. U nekom drugom slučaju, on bi ga izbegao do izvesne mere, ali ovde mu je, gde je njegovo stanovište individualitet, zbiljnost, određena egzistencija likova, neophodno da se s tog stanovišta pojavi njihovo okruženje. A da se okolni predmeti, s tog stanovišta, pojavljuju s takvom preciznošću, uviđamo i sami često na osnovu sopstvenog iskustva kad god bivamo svesni, a da nas to ne pogađa, u našim najuobičajenijim raspoloženjima, okolnosti u kojima lično živimo.

Želeo bih još mnogo toga da iznesem, ali se bojim da ne odlutam. Dodao bih samo da izvedenost, spomenuto cepidlačenje u prikazu okolnosti izlaže likove samo u meri u kojoj su oni uopšte individue, a da nisu još bliže određene. Okruženje može i na drukčiji način da bude prilagođeno likovima. U *Ilijadi* se, najposle, Ahilova individualnost, stvorena uostalom upravo u tu svrhu, saopštava više ili manje svemu i svakom, ne samo okolnostima nego i likovima koji ga okružuju. Prilikom borilačkih nadmetanja u čast mrtvog Patrokla, i gotovo svi ostali junaci grčke vojske, više ili manje primetno, poprimaju njegovu boju, pa na kraju i sam stari Prijam, uprkos svom bolu, u prisustvu junaka koji mu je, međutim, neprijatelj, izgleda podmlađen.

No, ono što smo upravo rekli, lako je uočiti, prevazilazi već okvir prirodnog tona kako smo ga do sada razmatrali i opisali u njegovoj jednostavnoj posebnosti. Svoje postiže onda on već svojom izvedenošću, svojim stalnim varirajućim smenjivanjem, svojom zbiljnošću.

OTADŽBINA U HROPCU...

Otadžbina u hropcu, priroda i ljudi u meri u kojoj stoje u nekom naročitom odnosu međudejstva izgrađuju posebni svet koji biva idealan, te izvesnu povezanost stvari, i rastaču se tako što se od njih, od preživelih rodova i preživelih snaga prirode koje predstavljaju drukčije načelo zbilje, obrazuje novi svet, novi, ali opet posebni odnos međudejstva, premda je i rečeni hropac proistekao od nekog čistog, ali posebnog sveta. Jer, svet svih svetova, koji uvek *jeste* i mora biti, čije bivstvovanje mora biti viđeno kao sve u svemu, *predstavlja* se jedino u svim dobima – ili u propasti ili u momentu ili, više genetski, u postajanju momenta i početku doba i sveta; ta propast i taj početak su poput jezika, izraz, znak, predstava neke žive ali posebne celine koja, po svojim učincima, ponovo biva propast i početak, i to tako što u njoj, kao i u jeziku, ono postojeće izgleda, na jednoj strani, malo ili nimalo živo, a na drugoj kao da sve počiva na njemu. U živom postojećem preovlađuje izvestan odnos, izvesna materija; iako bi u tome i sve ostalo moglo biti naslućeno, preovlađujuće u onome što prolazi jeste mogućnost svih odnosa, pri čemu se ipak poseban otuda da izvesti, stvoriti, pa tako on iz konačnog dejstva proishodi kao beskonačnost.

Ova propast ili preobrazba otadžbine (u tom smislu) oseća se u delovima postojećeg sveta tako što se upravo u momentu i stepenu u kome se postojeće rastače oseća i novonastupajuće, mladalačko, mogućno. Jer, kako se rastakanje moglo osetiti bez objedinjavanja! Da bi se, dakle, postojeće moglo osetiti u svome rastakanju i osetilo se, mora se onda *usto neiscrpeno, neiscrpivo odnosâ i snaga*, kao i rastakanja, osetiti više u tom objedinjavanju nego obrnuto, budući da iz ništa proizilazi ništa. A to, postupno uzeto, znači da što stremi negaciji, u meri u kojoj proističe iz stvarnosti, a još nije mogućnost, ne može delovati.

No, *mogućno* koje stupa u *stvarnost*, dok se ta *stvarnost* *rastače*, deluje i izaziva osećaj rastakanja kao spomena na rastočeno. Otuda sasvim originalni karakter, neprestano tvorački, svakog autentično tragičkog jezika... nastajanje individualnog iz beskonačnog, i nastajanje konačno-beskonačnog individualno-večnog iz obojeg, shvatanje, oživljavanje ne onoga što je neshvatljivo, što je postalo kobno, nego neshvatljivog, kobnog u rastakanju, i spora sa samom smrću, putem harmoničnog, shvatljivog, živog. Ono što se ovde izražava nije prvobitna, sirova bol rastakanja, bol doživljena još suviše duboko da bi je spoznao onaj ko trpi i promišlja; u tome je novonastajući, idealni element, neodređen, pre neki predmet straha, dok je, naprotiv, rastakanje po sebi, *nalik* nekom postojećem, realno ništavilo, a ono što se rastače, u stanju između bivstvovanja i nebivstvovanja, shvaćeno je u nužnome.

Novi život je sada stvarno mogućan, idealno star; ono što je trebalo da se rastoči, i rastočilo se – rastakanje je postalo nužno i svoj naročiti karakter otkriva između bivstvovanja i nebivstvovanja. No, u stanju između bivstvovanja i nebivstvovanja, ono mogućno postaje svuda realno, i odistinski idealno, a to je u slobodnom umetničkom transponovanju strašan, ali božanski san. S gledišta idealnog sećanja, rastakanje, kao nužno, kao takvo postaje idealni objekt novorazvijenog života, osvrt na put koji se morao preći od početka rastakanja do trenutka kada novi život omogućava neko sećanje na ono što je rastočeno, a zatim, kao objašnjenje zeva i izmirenje konstrasta između novog i prošlog, može uslediti sećanje na rastakanje. To idealno rastakanje je neustrašivo. Početna i krajnja tačka su već postavljene, nađene, obezbeđene, pa je stoga i ovo rastakanje bezbednije, nezadrživije, odvažnije, i tu se javlja, kao ono što zapravo jeste, kao reproduktivni čin posredstvom kojeg život prolazi kroz sve svoje tačke, ne zadržavajući se ni na jednoj, ukidajući se u svakoj od njih da bi se vaspostavio u sledećoj i zadobio ukupan zbir. Sve to uz jedinu razliku: da se u stepenu u kojem rastakanje postaje idealnije, a proizvođenje, naprotiv, realnije, oboje udaljavaju od njihove početne tačke dotle dok, najzad, iz zbira tih u nekom momentu beskrajno proteklih osećaja nestajanja i nastajanja, čitavo životno osećanje i, u isti mah, jedini isključeni element, u početku rastočen, ne izbiju u sećanju (zbog nužnosti nekog objekta u najsavršenijem stanju). Potom, kada se, zahvaljujući spomenutom sećanju na rastakanje, sećanje na ono što je rastočeno, na individualno, izmiri s beskrajnim životnim osećanjem, a zev između obojeg bude ispunjen, tada iz mirenja i ujednačavanja između prošlog pojedinačnog i sadašnjeg beskrajnog proističe osobito novo stanje, sledeći korak koji treba da nasledi prošli.

Tako, u sećanju na rastakanje, rastakanje postaje, budući da su mu obe krajnje tačke čvrsto postavljene, u potpunosti bezbedan, nezadrživi, odvažni čin, baš što ono jeste.

No, to idealno rastakanje razlikuje se od stvarnog rastakanja, osim toga, i time što iz beskrajno sadašnjeg prelazi u konačno prošlo, što 1) u svakoj tački isto je rastakanje i proizvođenje, 2) jedna tačka je tesno povezana, tokom rastakanja i proizvođenja, sa svakom drugom, 3) svaka tačka, tokom rastakanja i proizvođenja, jeste beskrajno zahvaćena sa ukupnim osećanjem rastakanja i proizvođenja, i sve je beskrajnije prožeto, međusobno se dodiruje i povezuje, u boli i radosti, u razdoru i miru, u kretanju i počinku, oblikovanom i bezobličnom, i tako neka nebeska vatra deluje umesto zemaljske.

Najzad, budući da idealno rastakanje ide, u obrnutom smeru, od beskrajno sadašnjeg prema konačno prošlom, idealno rastakanje se razlikuje od stvarnog rastakanja time što može biti potpunije određeno, što nije više taknuto nespokojstvom, strepnjom koja ga prisiljava da u jednu jedinu okupi mnoge suštinske tačke rastakanja i proizvođenja, te da zaluta u nesuštinsko, u ono što je protivstavljeno i, dakle, doslovno smrtonosno za prestrašeno rastakanje, pa i za proizvođenje, da se jednostrano i plašljivo ograniči na najspoljašnjije, na jednu jedinu tačku rastakanja i proizvođenja, drugim rečima još jednom na ono što je doslovno mrtvo. Ono se razlikuje i po tome što ide preciznim, neposrednim, slobodnim hodom, i da je u potpunosti u svakoj tački rastakanja i proizvođenja ono što može biti, ali i samo ono što može biti u toj tački, dakle istinski individualno, i što, prirodno, u nju ne uvodi nijedan nepogodni element rastakanja, beznačajan u njoj i za nju, ali slobodno i potpuno prožima pojedinačnu tačku u svim njenim odnosima sa ostalim

Ogledi i nacrti

tačkama rastakanja i proizvođenja smeštenim između dve prve *raspoložive* tačke rastakanja i proizvođenja, naime između protivstavljenog beskrajno novog i konačno starog, totalno realnog i partikularno idealnog. Idealno rastakanje razlikuje se, najzad, od takozvanog stvarnog (jer ovo, obrnuto, *pošto je išlo od konačnog do beskrajnog*, ide od beskrajnog do konačnog) i time što rastakanje, ne poznajući svoju krajnju i početnu tačku, mora da se naprosto pojavi kao realno ništavilo, tako da se svako postojeće, dakle ono posebno, pojavljuje kao sveukupnost, i pojavljuje se neki čulni idealizam, epikureizam, poput onog kod Horacija, koji je to gledište prihvatao, svakako, samo radi dramskog cilja, izlažući ga upečatljivo u svome *Prudens futuri temporis exitum*,[18] itd. – idealno rastakanje, dakle, razlikuje se od takozvanog stvarnog, najzad, time da ono izgleda da je neko realno ništavilo, a ovo, budući da je neko pretvaranje beskonačno-realnog u idealno individualno, i individualno idealnog u beskonačno-realno, dobija na sadržini i harmoniji upravo u tačnoj meri u kojoj je shvaćeno kao prelaz postojećeg u postojeće, baš kao što postojeće dobija na duhu u tačnoj meri u kojoj je mišljeno nastalo iz tog prelaza ili nastajući radi tog prelaza, pa se tako rastakanje idealno individualnog pojavljuje ne kao slabljenje i smrt nego kao uskrsavanje, kao rastenje, dok se rastakanje beskrajno-novog pojavljuje ne kao ništiteljska sila nego kao ljubav, i oboje skupa kao (transcendentalni) stvaralački čin čija je suština objediniti idealno-individualno i realno-beskrajno, i čiji je proizvod, pak, to realno-beskrajno objedinjeno sa idealno individualnim; tada beskrajno-realno preuzima oblik individualno idealnog, a ovo život beskrajno-realnog, i oboje se sjedinjuje u neko mitsko stanje u kojem, s protivstavljanjem beskrajno-realnog i konačno-idealnog, prestaje i prelaz, tako da ovaj dobija na počinku ono što oni dobijaju na životu, pri čemu opisano stanje ne treba mešati s lirskim beskrajno-realnim, kao što ne treba mešati njegovo nastajanje sa epski prikazivim individualno-idealnim, jer u oba slučaja on objedinjuje duh jednog s dokučivošću, čulnošću drugog. U oba je slučaja tragički, tj. u oba slučaja objedinjuje beskrajno-realno sa konačno-idealnim, i oba se slučaja razlikuju samo u stepenu, jer u toku prelaza su podjednako duh i znak, drugim rečima: materija prelaza je ovome a ovo onome (transcendentalno izolovanom) ono što je organ obdaren dušom organskoj duši, harmonično protivstavljeno Jedno. Iz tog tragičkog mirenja beskrajno-novog i konačno-starog razvija se onda neko novo individualno, jer beskrajno--novo, posredstvom toga što je preuzelo oblik konačno-starog, individualizuje se sada u u sopstvenom obliku. Novo-individualno teži sada da se izoluje i iznedri iz beskonačnosti u istoj meri u kojoj, s drugog stanovišta, izolovano, individualno staro, teži da se generalizuje i rastoči u beskrajnom životnom osećanju. *Moment kada se završava period individualno-novog jeste moment u kojem se beskrajno-novo* odnosi prema individualno-starom kao *rastačuća, kao nepoznata* moć, baš kao što se u prethodnom periodu novo odnosilo prema beskonačno-starom kao nepoznata moć, a ta dva perioda su međusobno protivstavljaju, i to prvi kao vladavina individualnog nad beskrajnim, pojedinačnog nad celinom, drugi kao vladavina beskrajnog nad individualnim, celine nad pojedinačnim. Kraj drugog perioda i početak trećeg počivaju u momentu u kojem se beskrajno-novo kao životno osećanje (kao Ja) odnosi prema individualno-starom kao predmetu (kao Ne-ja),

Posle ovih protivstavljanja, tragičko jedinstvo karakterâ, posle toga, protivstavljanje karakterâ uzajamnosti, i obrnuto. Posle ovih, tragičko jedinstvo obojeg.

KADA JE PESNIK JEDNOM ZAVLADAO DUHOM...

Kada je pesnik jednom zavladao duhom, kada je osetio i usvojio zajedničku dušu, koja je svemu skupa i svakom pojedinačno svojstvena, da ju je zaposeo i sebi obezbedio, kada je, dalje, u slobodno kretanje, harmoničnu smenu i napetost, s kojima je duh sklon da se reprodukuje u sebi i u drugima, kada je siguran u lepi napredak, naznačen u idealu duha, i u njegovu poetsku logičnost, kada je uvideo da neizbežni sukob nastaje između najiskonskijeg zahteva duha, koji upućuje na zajedničnost i složnu istovremenost svih delova, i drugog zahteva koji mu nalaže da iziđe iz sebe, a u nekom lepom napretku i smeni da se u sebi i u drugima reprodukuje, te da ga taj sukob drži i nosi na putu ka ostvarenju, kada je, dalje, uvideo da ta zajednica, srodstvo svih delova, taj duhovni sadržaj, ne bi se mogli čak ni osetiti ako se oni, što se tiče njihovog čulnog sadržaja, njihovog stepena, a da i ne računamo harmoničnu smenu u stremljenju, a i uz jednakost duhovne forme (istovremenosti i koegzistencije), ne bi međusobno razlikovali, i da, dalje, ta harmonična smena, to stremljenje napred, ne bi se opet ni osetili i bili bi prazna, lepršava igra senki ako alternirajući delovi ne bi, čak i uz raznolikost *čulnog* sadržaja, i tokom smene i progresivnog stremljenja, ostali isti u *čulnoj* formi, kada je uvideo da se *taj sukob između duhovnog sadržaja* (između srodnosti svih delova) *i duhovne forme* (smene svih delova), između zastajanja i progresivnog stremljenja duha, *razrešava time* što prilikom stremljenja duha, prilikom smene duhovne forme, *forma materije ostaje identična u svim delovima*, i da zamenjuje sve ono što je tokom harmonične smene moralo da bude izgubljeno od izvornog srodstva i jedinstva delova, da izgrađuje objektivni *sadržaj* putem protivurečnosti sa duhovnom formom kojoj daje njeno puno značenje, i da, s druge strane, *materijalna smena materije* koja prati ono što je večno u *duhovnom* sadržaju, njegovu mnogostrukost, zadovoljava zahteve duha, ispostavljene tokom *njegovog napretka*, i koji su zadržani *u svakom momentu jedinstvom i večnošću*, da upravo ta materijalna smena izgrađuje objektivnu formu, lik, protivurečnošću s duhovnim sadržajem; kada je uvideo da se, s druge strane, *sukob* između *materijalne smene* i *materijalnog identiteta* razrešava *time* što se gubitak materijalnog identiteta* (vidovitog ukupnog utiska), strasnog napretka, koji beži od prekida, nadoknađuje

---

* materijalni identitet? Izvorno i u materiji, on mora biti pre materijalne smene, kao što je, u duhu, jedinstvo pre idealne smene; mora biti čulno dodirište svih delova. I materija, naime, kao što je to i s duhom, mora *biti usvojena* od strane pesnika, *asimilovana*, po slobodnoj volji, i to tada *kad* je jednom u potpunosti razvijena, *kad* je utisak što ga je učinila na pesnika, prvo zadovoljstvo, koje bi moglo biti i slučajno, istražen, i ocenjen kao receptivan za obradu duha i delotvoran za svrhu koja je u tome da se duh u sebi i u drugima reprodukuje, *kad* je, posle tog istraživanja, utisak iznova primećen i ponovo izazvan u svim svojim delovima, i shvaćen u nekom još neizrečenom, tek osećanom učinku. A taj učinak je zapravo identitet materije, jer u

duhovnim sadržajem čije postojano zvučanje sveuravnotežava, i što se gubitak u materijalnoj raznolikosti, nastale bržim stremljenjem prema glavnoj tački, prema kulminantnom utisku materijalnog identiteta, nadoknađuje neprestano smenjujućom idealnom duhovnom formom; kada je uvideo da, obrnuto, upravo sukob između postojanog duhovnog sadržaja i alternirajuće duhovne forme, dotle da su nepomirljivi, baš kao i sukob između materijalne *smene* i materijalnog *identičnog* stremljenja prema glavnom momentu, dotle da su nepomirljivi, čini oba sukobljena člana *senzibilnim*, kada je, konačno, uvideo da se sukob između duhovnog sadržaja i idealne forme, s jedne strane, i materijalne smene i identičnog stremljenja napred, s druge strane, mire u tačkama predaha i glavnim momentima, i to u meri njihove nepomirljivosti, te da upravo u njima i upravo stoga bivaju senzibilni i osećani; kada je pesnik to uvideo, onda će mu sve zavisiti od receptivnosti materije na idealni sadržaj i idealnu formu. Siguran li je u oboje, zavladao li je jednim i drugim, receptivnošću materije, kao i duhom, onda mu to neće nedostajati u glavnim momentima.

Kakva bi morala, sada, da bude priroda materije da bi ova bila receptivna za idealni element, za njen sadržaj, za metaforu i njenu formu, prelaz?

Materija je ili niz događaja, ili pogledâ na stvarnosti koje se opisuju, oslikavaju subjektivno ili objektivno, ili je stremljenja, predstava, misli ili strasti, nužnosti, označavanih subjektivno ili objektivno, ili je niz fantazija, mogućno-

---

njemu se koncentrišu svi delovi. Ali, on je ostavljen kao neodređen; materija je još nerazvijena. Ona mora biti, u svim svojim delovima, jasno izrečena, i upravo time oslabljena živost njenog ukupnog utiska. Tako mora biti, jer je, u svom neizrečenom učinku, materija prisutna, nesumnjivo, u pesnikovom duhu, ali ne i u duhu drugog. Osim toga, u pitanju je element koga duh još nije reprodukovao u neizrečenom učinku; taj mu učinak daje samo sposobnost za spoznaju unutar materije i težnju da reprodukcija bude realizovana. Materija mora, dakle, biti raspodeljena, ukupni utisak sačuvan, a identitet mora postati stremljenje od tačke do tačke, pri čemu se ukupni utisak pronalazi da je posred najtešnje veze između početne, središnje i krajnje tačke, tako da se, pri zaključivanju, krajnja tačka vraća na početnu, a ova na središnju tačku.

sti, subjektivno ili objektivno oblikovanih.** U sva tri slučaja, materija mora biti sposobna za idealnu obradu, naime da događaji, pogledi, ispričani, opisani, da misli i strasti, obeležene, fantazije, oblikovane, počivaju na autentičnoj osnovi, da događaji ili pogledi proizilaze iz pravih stremljenja, misli i strasti iz neke prave stvari, fantazije iz lepog osećaja. Ta osnova pesme, njeno značenje, treba da obrazuje prelaz između izraza, onog predstavljenog, čulne materije, onoga zapravo izrečenog u pesmi, i duha, idealne obrade. Značenje pesme može biti dvostruko, tako kao što i duh, idealna strana, kao i materija, predstava, mogu dvostruko značiti, naime po tome da li su shvaćeni u primeni ili neprimenjeno [praktično ili teorijski, *prev.*]. U teorijskom smislu, ove reči ne iskazuju ništa drugo negoli pesnički postupak, takav kakav je, genijalno i sudom vođen, opažen u svakom istinskom pesničkom radu; u praktičnom smislu, navedene reči označavaju saglasje nekog datog pesničkog polja delovanja, s rečenim postupkom, mogućnost sadržanu u elementu da se taj postupak realizuje; tako, može se reći da se u svakom od elemenata, idealno sučeljava objektivno i realno sa idealnim, živo sa živim, individualno sa individualnim, pa preostaje samo da se pitamo šta se razume pod spomenutim poljem delovanja. To polje je ono u čemu se i gde realizuje svaki put pesnički rad i postupak, nosilac duha gde se duh reprodukuje u sebi i drugima. Po sebi, polje delovanja je prostranije nego pesnički duh, ali to nije za sebe. Ukoliko se posmatra u odnosu na svet, ono je prostranije; ukoliko ga je pesnik zaposeo i usvojio, ono je podređeno. Što se tiče njegove tendencije, sadržine njegovog stremljenja, ono je suprotno pesničkom radu, pa pesnika odveć lako u zabludu zavede njegova materija time što je ona preuzeta iz konteksta živog sveta, opire se pesničkom ograničavanju, neće da služi kao puki nosač duhu; ako je dobro i izabrana, njen idući korak, njeno prvo napredovanje, jeste protivstavljanje s obzirom na duh i mamuzanje s obzirom na poetsko

---

** Ako je značenje osećaj, onda je predstavljanje slikovito, a duhovna obrada – epizodična.
Ako je značenje intelektualna intuicija, onda je izraz ono materijalno ostrašćeno, a duhovna se pokazuje više u stilu.
Ako je značenje, doslovno govoreći, neki cilj, onda je izraz čulan, slobodna obrada metaforička.

ispunjenje, i tako će njeno drugo napredovanje morati biti delimično neispunjeno, delimično ispunjeno. No, uprkos tom sukobu pesničkog duha na delu i njegovog elementa, njegovog polja delovanja, pokazuje se, štaviše, da ga sukob povlašćuje i da se sukob razrešava, kao i da u elementu, što ga je pesnik izabrao za nosača, ipak počiva izvesna receptivnost za pesnički rad, i da on sve zahteve, celi pesnički postupak, kako na metaforičkoj tako na hiperboličkoj ravni, tako na [19] karakter u sebi realizuje u interakciji s tim elementom koji se, doduše, u svojoj početnoj tendenciji opire, suprotstavlja, ali se u središnjoj tački sjedinjuje s njim.

Između izraza (izlaganja) i slobodne idealne obrade počiva utemeljenje, značenje pesme. Ono pesmi daje njenu težinu, njenu čvrstinu, njenu istinu. Ono obezbeđuje da slobodna idealna obrada ne padne u prazni manir, a izlaganje u taštinu. Ono je duhovnočulni, formalnomaterijalni element pesme; i kada je idealna obrada, u njenoj metafori, njenom prelazu, njenim epizodama, većma objedinjavajuća, a izraz, izlaganje, naprotiv, u njenim karakterima, njenim strastima, njenim individualnostima, većma razdvajajuća, onda značenje pesme stoji na pola puta između oboje. Ono što ga izdvaja jeste da je samo uvek i svuda sebi bilo protivstavljeno: dok duh ujednačava sve što sačinjava protivstavljenu formu, značenje razdvaja sve što je sjedinjeno, svezuje sve što je slobodno, uopštava sve što je posebno, jer po njemu ono obrađeno nije naprosto individualna celina, niti pak neka celina sjedinjena sa onim harmonično protivstavljenim, nego celina uopšte, pri čemu je veza s harmonično protivstavljenim takođe moguća posredstvom nečeg protivstavljenog po individualnoj tendenciji, njenoj sadržini, ali ne i po formi. Značenje pesme sjedinjuje krajnosti, zato što se one u njoj dodiruju protivstavljanjem. Te krajnosti se ne mogu sjediniti s obzirom na svoj sadržaj, nego su jedino pomirljive po smeru u stepenu protivstavljanja, tako da značenje *miri i ono što je najprotivrečnije*, i ono što je u potpunosti hiperbolično; ono ne napreduje protivstavljanjem u formi, gde se prvi element ipak srođuje s drugim po sadržaju, već protivstavljanjem u sadržaju, gde je prvi element ipak sličan drugom po formi, tako da naivne, herojske i idealne tendencije međusobno protivreče s obzirom na predmet njihove tendencije, ali su su međusobno svedive po formi njihovog sukoba i stremljenja, i sjedinjene su s obzirom na zakon aktivnosti, dakle sjedinjene su u najopštijem, u životu.

Upravo zahvaljujući tom hiperboličnom postupku, po kojem ono idealno, harmonično protivstavljeno i objedinjeno, nije posmatrano samo kao takvo, kao lepi život, nego kao život uopšte, dakle sposobno da bude posmatrano i kao neko drukčije stanje, i to ne neko drukčije harmonično protivstavljeno, već direktno protivstavljeno, najekstremnije, tako da to novo stanje može biti svedivo s prethodnim samo idejom života uopšte. Zahvaljujući, dakle, tom hiperboličnom postupku, pesnik daje idealnome početak, smer, značenje. Idealno u tom obliku je subjektivna osnova pesme, tačka odakle se polazi i kuda se vraća; a kako unutrašnji život može biti shvaćen u različitim zvučanjima, kao život uopšte, kao nešto što se može uopštiti, kao nešto određeno, kao razdvojivo, postoje i različite vrste subjektivnog zasnivanja. Ili je idealno zvučanje shvaćeno kao osećaj, onda je ono subjektivna osnova pesme, osnovno zvučanje pesnika u čitavom njegovom radu, i upravo zašto što je određeno kao osećaj, biva ono, s obzirom na zasnivanje, posmatrano kao *uopštivo*. Ili je određeno kao stremljenje, pa postaje osnovno zvučanje pesnika u čitavom toku rada, a kao utvrđeno stremljenje, posmatrano je kao *ostvarivo* u pogledu zasnivanja. Ako je, najzad, idealni element intelektualna intuicija, onda ona postaje osnovno zvučanje pesnika tokom celog rada, a činjenica da je bilo utvrđeno kao takvo, znači da je posmatrana kao *ostvariva*. Tako, subjektivno zasnivanje iziskuje i određuje objektivno zasnivanje koje priprema. U prvom slučaju, materija je, dakle, shvaćena *od početka* kao nešto opšte, u drugom slučaju – kao nešto što ostvaruje, a u trećem slučaju – kao ono što se događa.

Kada je jednom slobodni i idealni poetski život fiksiran, a istim načinom njegovo značenje ustanovljeno sa svoje strane kao uopštivo, kao ispunjivo, kao izvedivo, i tako povezano, idejom života uopšte, sa svojom neposrednom suprotnošću, hiperbolički transponovanom, onda u postupku pesničkog duha nedostaje još jedna važna tačka, element zahvaljujući kome će on svome radu dati ne zvučanje, ton, pa ni značenje ni smer, nego njegovu stvarnost.

Jer, *posmatran kao čisti poetski život*, i s gledišta njegovog *sadržaja*, poetski život, ukoliko je onim harmoničnim uopšte i vremenskim nedostatkom *povezan sa onim harmonično sebi protivstavljenim*, ostaje potpuno saglasan sa sobom; on je sebi protivstavljen jedino u smeni formi, jedino po načinu, ne po osnovi svoga stremljenja; ono može biti samo neizvesnije ili zastajkujuće, ili brže, samo sadržajnije ili malaksalije, ili napetije, samo poletnije ili usmerenije cilju, ili zabačenije, samo slučajno više ili manje podložno prekidanju. *Posmatran* kao život određen i zasnovan poetskom refleksijom, posredstvom ideje o životu uopšte i ideje o nedostatku o okrilju jedinstva, on započinje idealnokarakterističnim zvučanjem. Otada on više nije povezan sa onim što mu je harmonično protivstavljeno uopšte; sada postoji kao takav u određenoj formi i napreduje u okviru smene zvučanja, pri čemu je svako sledeće određeno prethodnim i protivstavlja mu se po svome sadržaju, to jest organima koji ga poimaju; stoga se može reći da je poetski život individualniji, opštiji, puniji, tako da su različita zvučanja povezana međusobno samo u onome u čemu se nalazi njegovo čisto protivstavljanje, naime u načinu stremljenja, dakle kao život uopšte, mada čisti poetski život nije više nalaziv, jer u svakom od alternativnih zvučanja on postoji u posebnoj formi, naime povezan sa onim što mu je direktno protivstavljeno, te ne više čisto. U celini on postoji samo kao stremeće napred, a po zakonu koji upravlja tim stremljenjem – samo kao život uopšte; s tog gledišta, u potpunosti preovlađuje sukob individualnog (materijalnog), opšteg (formalnog) i čistog.

Čisto se, pojmljeno u svakom posebnom zvučanju, protivstavlja organu u kome je pojmljeno, protivstavlja se čistom drugog organa, protivstavlja se alternativnoj smeni.

Opšte se, kao posebni organ (forma), kao karakteristično zvučanje, protivstavlja čistom kojeg poima u tom zvučanju; kao stremljenje prema celini, protivstavlja se čistom kojeg poima u tom stremljenju; kao karakteristično zvučanje, protivstavlja se onome što mu sledi.

Individualno se protivstavlja čistom kojeg poima; protivstavlja se formi koja mu sledi; kao individualno, protivstavlja se opštem koje se nalazi u alternativnom smenjivanju.

Nemoguće je, dakle, da postupak poetskog duha na tome završi. Ako je on autentičan, onda u njemu mora biti još nešto drugo otkriveno, i mora se očitovati da je postupak, koji pesmi daje njeno značenje, samo prelaz od čistog ka tom otkrivenom, kao i obrnuto: od tog otkrivenog ka čistom. (Sredstvo povezivanja duha i znaka.)

Ako bi se sada moglo posmatrati i biti pojmljeno ono što je direktno protivstavljeno duhu, organ koji ga sadrži i koji svako protivstavljanje čini mogućim, ne samo po onome *čime* je harmonično-povezano formalno protivstavljeno, nego i onim čime je formalno povezano, ako bi se on mogao posmatrati i pojmiti ne samo kao ono čime su različita harmonična zvučanja materijalno protivstavljena i formalno povezana, nego i kao ono čime su materijalno povezana i formalno protivstavljena, ako bi se on mogao posmatrati i pojmiti ne samo kao ono što je kao povezujući, naprosto formalni život uopšte, a kao posebni i materijalni, ne povezujući, samo kao život koji se protivstavlja i razdvaja, ako bi kao materijalni i povezujući, *ako bi organ duha mogao biti posmatran kao ono što, da bi omogućilo harmonično-protivstavljeno, mora biti receptivno prema jednom koliko i prema drugom harmonično-protivstavljenom*, te da, budući formalno protivstavljanje u odnosu na čisto poetski život, mora biti i formalno jedinstvo, da budući materijalno protivstavljanje u odnosu na određeni poetski život i njegova zvučanja, mora biti element materijalnog povezivanja, da načelo koje ograničava i određuje nije samo negativno već i pozitivno, da se nesumnjivo u poretku harmonično povezanog, posmatranog odvojeno, on protivstavlja koliko jednom toliko i drugom od svojih članova, ali da njihovo objedinjavanje putem mišljenja sazdaje jedinstvo obojeg, onda čin duha, u onome što se tiče značenja koje bi za posledicu imalo samo sveprožimajući sukob, postaje faktor jedinstva u meri u kojoj je bio faktor protivstavljanja.

Ali, kako ga u tome kvalitetu shvatiti? Kao mogućan i kao nužan? Ne samo *pomoću života uopšte*, jer on to jeste ako se taj čin duha posmatra samo kao materijalno protivstavljanje i formalno jedinstvo, koje direktno određuje život. Ne bi se mogao pojmiti ni samo pomoću *jeinstvenosti* uopšte, jer on to jeste ako ga posmatramo kao protivstavljanje samo po formi. U pojmu *jedinstva onoga što je sjedinjeno* trebalo bi ga shvatiti, tako da *jedno*, kao i *drugo*, jeste *prisutno u tački protivstavljanja i sjedinjavanja*, i da *u toj tački duh*, protivstavljanjem očitovan kao konačan, *u svojoj beskonačnosti biva senzibilan*, ali da je čisto, protivstavljeno organu po sebi, *prisutno* u sebi upravo u tom organu, i tako tek jeste nešto *živo*, da tamo gde čisto postoji u različitim zvučanjima, ono što neposredno sledi osnovnom zvučanju jedino je *produžetak tačke* koja *u to* vodi, naime u *središnju tačku* u kojoj se susreću harmonično protivstavljena zvučanja, da je, dakle, upravo u najjačoj protivrečnosti, u protivrečnosti između prvog idealnog i drugog, veštački reflektovanog zvučanja, u *najmaterijalnijem* protivstavljanju (koje počiva između harmonično sjedinjenih duha i života, a koji se susreću i pojavljuju u središnjoj tački), da upravo u tom najmaterijalnijem protivstavljanju koje se samo sebi protivstavlja (*u odnosu na tačku sjedinjavanja kojoj ono stremi*), u činovima duha koji *napreduju* posredstvom sukobljavanja kad *nastaju samo iz recipročnog karaktera harmonično protivstavljenih zvučanja*, da se upravo tu vrhunska beskonačnost prikazuje na najosetljiviji, najveća negativno-pozitivni, hiperbolični način, i da ta protivrečnost između predstavljanja beskonačnog u sukobljujućem stremljenju prema tački i njenog susreta u toj tački nadoknađuje simultanu unutrašnjost i razlikovanje živog, harmonično protivstavljenog osećaja koji mu je osnova, te omogućava slobodnoj svesti da ih predstavi, u jasnijem, organizovanijem, opštijem obliku, kao formalno samosvojni svet, kao svet u svetu, pa i kao glas večnog upućen večnom.

U postupku o kome on vodi računa tokom svoga rada, poetski duh ne može, dakle, da se zadovolji nekim harmonično protivstavljenim životom, kao ni da zahvati i zadrži taj život posredstvom hiperboličnog protivstavljanja; kad je jednom poetski duh daleko od toga, kad njegovom radu ne nedostaje ni harmoničnog jedinstva, ni značenja niti energije, ni harmoničnog duha uopšte niti harmonične smene, onda je nužno, ma kako da ono sjedinjeno – bilo da (ukoliko može biti posmatrano po sebi) ukida samo sebe kao nerazlučivo da ne bi postalo *prazni* beskraj, bilo da ne izgubi svoj identitet u nekoj smeni protivrečnosti, koliko god da su one još harmonične – više ne može biti celo i sjedinjeno nego se raspada u beskonačnost izolovanih momenata (takoreći atomski niz) – onda je, velim, nužno da poetski duh, u svojoj sjedinjenosti i harmoničnom progresu, priskrbi svom postupku i neku beskrajnu tačku gledišta, jedinstvo gde sve ide napred i nazad u harmoničnom progresu i smeni, a svojim *karakterističnim odnosom, u potpunosti oslonjenim* o to jedinstvo, da zadobije, za posmatrača, ne samo objektivnu koheziju nego i osećanu i osetljivu koheziju, identitet koji ustrajava u smeni protivrečnosti. A njegov poslednji zadatak je da kroz pomenute harmonične smene sačuva nit, neko sećanje, tako da se duh, a da nikada nije prisutan u sebi u tom posebnom momentu, pa opet u nekom drugom posebnom momentu, ovekovečava kroz jedan i drugi, i ostaje prisutan u različitim zvučanjima, kao što je u potpunosti prisutan u sebi *u beskrajnom jedinstvu*, koje je, s jedne strane, tačka razlučivanja sjedinjenog kao sjedinjenog, ali i, s druge strane, tačka sjedinjavanja sjedinjenog kao protivstavljenog, pa najzad i oboje u isti mah; tako, u njemu, beskrajnom jedinstvu, harmonično protivstavljeno nije ni protivstavljeno kao sjedinjeno, niti sjedinjeno kao protivstavljeno, već oboje u *Jednom* jedinom koje osećamo kao nerazlučivo protivstavljeno-sjedinjeno, i otkrivamo ga kao što ga osećamo. Taj mentalni stav je zapravo u osnovi poetskog karaktera; ni genije niti umetnost, nego poetska individualnost. A njoj je jedino dat identitet uznesenosti i punoća genija i umetnosti, oprisućenost beskrajnog, božanski moment.

Poetska individualnost nije, dakle, naprosto protivstavljanje sjedinjenog, kao što nije naprosto ni puka veza, sjedinjenost onoga što se protivstavlja i onoga što se alternativno smenjuje; u njoj su protivstavljeno i sjedinjeno neodvojivi. Ako je to tako, individualnost može biti, u svojoj čistoti i subjektivnoj sveukupnosti, kao iskonski smisao, doduše pasivna u činovima protivstavljanja i sjedinjavanja putem kojih se ona potvrđuje u harmonično protivstavljenom životu; ali, u svom poslednjem činu, gde su harmonično-protivstavljeno kao harmonično i protivstavljeno, a sjedinjeno kao uzajamno delovanje, shvaćeni u njoj kao jedna jedina stvar, u tom činu, dakle, ona apsolutno ne može i ne sme da bude shvaćena pomoću same sebe, ne može i ne sme da sebe pretvori u objekt, pod pretnjom da ne bude više beskrajno sjedinjeno i živo jedinstvo, već postane mrtvo i umrtvljujuće jedinstvo, da postane beskrajno pozitivno. Jer, ako su u njoj sjedinjenost i protivstavljenost nerazlučivo povezane i jesu jedno, onda se ona refleksiji ne može pojaviti ni kao protivstavljivo sjedinjeno ni kao sjedinljivo protivstavljeno, ne može, dakle, izgledati, osim kao neko pozitivno ništavilo, čak ni kao neki beskrajni predah; a hiperbola svih hiperbola, najvratolomniji i poslednji pokušaj poetskog duha, ako je on ikada ostvari u svome postupku, sastoji se u dosezanju iskonske poetske individualnosti, poetskog Ja, i to je pokušaj kojim bi duh da ukine tu individualnost i njen čisti objekt, ono sjedinjeno, živo, harmonični, alternativno delatni život. A ipak, on to mora, jer sve što on jeste u svome radu mora da bude u potpunoj *slobodi* i, uz to, on mora da stvori sopstveni svet, i da instinkt bude, na prirodan način, deo tog suštinskog sveta u kome on jeste; budući da on sve mora biti u potpunoj slobodi, on mora sebi obezbediti i tu svoju individualnost. No, pošto on nju ne može spoznati putem sebe samog i po sebi samom, potreban mu je neki spoljašnji objekt, i to takav kojim može biti određena čista individualnost da prihvati neki karakter dat među mnogim posebnim karakterima koji nisu ni naprosto protivstavljeni ni naprosto dovedeni u vezu, nego su poetski karakteri, njoj prihvatljivi. Otuda, sada izabrana individualnost i karakter određen sada izabranom materijom mogu biti spoznatljivi, kako u čistoj individualnosti tako i u ostalim, i slobodno učvršćeni.***

*** Unutar subjektivne prirode, Ja se može spoznati samo kao protivstavljanje ili kao veza, ali se, unutar subjektivne prirode, ne može spoznati kao poetsko Ja u svom trostrukom svojstvu; jer, kao što se ono pojavljuje unutar subjektivne prirode, različito od sebe, razlikujući se sobom i u sebi, tako mora spoznato uvek samo sa saznajućim i saznanjem jednog i drugog, uzetim skupa, da izgrađuje tu trostruku prirodu poetskog Ja, koje nije niti će biti dosegnuto ni kao saznanje putem saznajućeg elementa, ni kao saznajući element putem onoga koji saznaje, ni kao saznato i saznajuće putem saznanja, ni kao saznanje putem onoga koji saznaje. Ni u jednom od ta tri odvojeno mišljena svojstva, Ja se ne nalazi kao čisto poetsko Ja u svojoj trostrukoj prirodi: protivstavljajući se kao harmonično-protivstavljeno, sjedinjavajući (formalno) harmonično-protivstavljeno, i u Jednom razumevajući harmonično-protivstavljeno, protivstavljanje i sjedinjavanje; ono, naprotiv, ostaje u realnoj protivrečnosti sa sobom i za sebe samog. Budući da se, naime, Ja u svojoj subjektivnoj prirodi razlikuje od sebe samog i postavlja se kao protivstavljajuće jedinstvo u harmonično-protivstavljenom dokle god je ovo harmonično, ili se postavlja kao sjedinjavajuće jedinstvo u harmonično-protivstavljenom dokle god je ovo protivstavljeno, ono je prinuđeno ili da osporava realnost protivrečnosti, različitog u kome sebe spozna-

Ogledi i nacrti

a) Ali kako je to uopšte moguće?

b) Ako na takav način biva moguće da Ja sebe spozna u poetskoj individualnosti i da se ponaša kao takvo, šta iz toga proizlazi za poetsko izlaganje? – U ta tri subjektivna i objektivna pokušaja, ono spoznaje stremljenje ka čistom jedinstvu.

a) Ako bi čovek živeo u toj samotnosti, u tom životu sa sobom, tom protivrečnom *srednjem stanju* između onoga što ga prirodno vezuje za neki prirodno prisutni svet i onoga što ga, na višoj ravni vezuje za svet koji je, takođe, prirodno prisutan, ali koga je *slobodni izbor* pretvorio u svoju biračku sferu, svet unapred spoznat zahvaljujući svojim uticajima i koji ga, ne mimo njegove volje, određuje, i tako ako bi čovek živeo u tom srednjem stanju, u slobodi, između detinjstva i zrele humanosti, između mehanički lepog i ljudski lepog života, ako bi taj čovek, spoznavši to srednje stanje, shvativši da apsolutno ostaje u protivrečnosti sa sobom, u nužnom sukobu 1) stremljenja kao čistom sopstvu i

---

je, ili da razlikovanje unutar subjektivne prirode objašnjava kao varku i proizvoljnost koje uzima kao jedinstvo prema sebi samom da bi spoznao svoj identitet; pa je onda i identitet, tako spoznat, varka, i Ja sebe ne spoznaje ili nije jedinstvo, te razlikovanje od sebe samog uzima za realno (dogmatski). Po tome, naime, Ja sebe drži kao razlikujuće ili kao sjedinjavajuće, zavisno od toga šta zatiče u svojoj subjektivnoj prirodi, razlikujuće ili sjedinjavajuće. Postavlja se, dakle, zavisno već, kao razlikujuće ili kao sjedinjavajuće Ja, a zbog toga što se to odigrava u njegovoj subjektivnoj prirodi koju ono ne može da apstrahuje a da se ne ukine, ono se postavlja kao apsolutno zavisno u svojim činovima, tako da ono *sebe samo, svoj čin*, ne spoznaje ni kao protivstavljajuće ni kao sjedinjavajuće. U tom se slučaju ono opet ne može saznati kao identično, jer različiti činovi u kojima je prisutno nisu *njegovi* činovi; ne može čak ni da se postavi kao shvaćeno u svojim činovima, jer ti činovi ne zavise od njega. Nije Ja ono koje se razlikuje od sebe samog, nego je to njegova priroda u kojoj se ono ponaša tako budući da je na to nagnano.

Čak i ako bi se Ja htelo postaviti kao identično sa harmonično-protivstavljenim svoje prirode (ako bi jednim udarcem mača htelo preseći taj večni čvor, protivrečnost između umetnosti i genija, slobode i organske nužnosti), to ne bi ničemu poslužilo. Jer, ako razlika između protivstavljanja i sjedinjavanja nije realna, onda ni Ja u svom harmonično protivstavljenom životu ni harmonično protivstavljeni život u Ja nisu saznatljivi kao jedinstvo.

identitetu, 2) stremljenja kao označivosti i razlikovanju, 3) stremljenja ka harmoniji, i da taj sukob ukida svako od spomenutih stremljenja i sebi ih pokazuje kao neostvariva, i da će, dakle, morati da se razočara, ponovo padne u stanje detinjstva ili troši u jalovim protivrečjima sa samim sobom, ako ustraje u tom stanju, onda ipak postoji *jedna* stvar koja može da ga izbavi iz te tužne alternative, a problem da bude slobodan kao mladić i živi u svetu kao dete, s nezavisnošću kultivisanog čoveka i prilagodljivošću običnog čoveka, rešava se pridržavanjem sledećeg pravila:

Po slobodnom izboru, harmonično se protivstavi spoljašnjoj sferi, kao što si i sam, po prirodi, *harmonično* protivstavljen sebi, ali bez mogućstva da to spoznaš dokle god ostaješ u sebi.

Jer, tu postoji, u pridržavanju navedenog pravila, važna razlika u odnosu na ponašanje u prethodnom stanju. U prethodnom stanju, naime stanju samotnosti, harmonično protivstavljena priroda nije mogla da postane saznatljivo jedin-

---

Ako je razlika realna, Ja opet nije u harmonično protivstavljenom sobom saznatljivo kao jedinstvo, jer to Ja, budući nagnano, nije saznatljivo kao jedinstvo.

Sve proizilazi na to, dakle, da se Ja ne zadovoljava s naprosto uzajamnim delovanjem sa svojom subjektivnom prirodom, od koje se ne bi mogao apstrahovati a da sebe ne ukine, nego da ono u punoj *slobodi bira neki objekt od koga se, hoće li, može apstrahovati, tako da je tim objektom na posve primeren način određen i određuje taj objekt.*

U tome leži jedina mogućnost da Ja bude saznatljivo kao jedinstvo u harmonično protivstavljenom životu, kao i da harmonično-protivstavljeno bude saznatljivo kao jedinstvo u Ja, u nekoj čistoj (poetskoj) individualnosti. Čisti subjektivni život postaje slobodna individualnost, jedinstvo i identitet, zasnovanom na sebi, tek izborom svoga predmeta.

Jedino, dakle, kada se ono ne razlikuje od sebe, sobom i po sebi, kada se pomoću nečeg trećeg da razlikovati i kada to treće, izabrano slobodno, umesto da svojim uticajima i odlukama ukida čistu individualnost, može biti posmatrano od strane čiste individualnosti, kojoj time biva, istovremeno, omogućeno da sebe posmatra kao empirijski individualizovanu i okarakterisanu putem nekog izbora, tada je samo moguće da se Ja pojavi kao jedinstvo u harmonično protivstavljenom životu, kao i da se, obrnuto, ono harmonično-protivstavljeno pojavi kao jedinstvo u Ja i pretvori, u lepoj individualnosti, u objekt.

Ogledi i nacrti **45**

stvo stoga jer Ja nije moglo, a da se ne ukine, da se uspostavi i spozna ni kao delatno jedinstvo bez ukidanja realnosti razlikovanja, dakle realnosti *saznavanja*, ni kao bolno jedinstvo bez ukidanja realnosti jedinstva, njenog kriterijuma identiteta, naime delatnosti; a da je Ja, stremeći da spozna svoje jedinstvo u harmonično-protivstavljenom i harmonično-protistavljeno u svome jedinstvu, prisiljeno da se tako apsolutno i dogmatski uspostavi kao delatno jedinstvo ili kao bolno jedinstvo, potiče otuda što, da bi sebe spoznalo sobom, ono može da zameni unutrašnju, prirodnu vezu, koja ga povezuje sa sobom i time mu otežava razlikovanje, jedino nekim neprirodnim (samoukidajućim) razlikovanjem, jer je ono, po prirodi, tako sjedinjeno sa sobom u svojoj različitosti prema sebi da je nužna razlika spram saznanja, koju on sebi pribavlja posredstvom slobode, moguća samo u ekstremima, dakle samo u stremljenjima, u misaonim pokušajima, koji će, *na taj način* realizovani, sami sebe ukinuti; jer, da bi *spoznao* svoje jedinstvo u (subjektivnom) harmonično-protivstavljenom i da bi spoznao (subjektivno) harmonično-protivstavljeno u svome jedinstvu, ono nužno mora sebe da apstrahuje, budući da je postavljeno u (subjektivnom) harmonično-protivstavljenom, i da ga na sebi reflektuje, budući da nije postavljeno u subjektivnom harmonično-protivstavljenom, kao i obrnuto; no, kako on ne može apstrahovati svoje biće u subjektivnom harmonično-protivstavljenom, niti realizovati tu refleksiju o nebiću u sebi a da sebe i harmonično-protivstavljeno, kao i harmonično i protivstavljeno, i jedinstvo, ne ukine, onda i ti pokušaji, kojih se on tako ipak poduhvata, moraju biti takvi pokušaji koji će, realizuju li se tako, sami sebe ukinuti.

Razlika između stanja samotnosti (predosećanje njegovog bića) i novog stanja, gde se čovek smešta slobodnim izborom u harmoničnom protivstavljanju s nekom spoljašnjom sferom jeste, dakle, razlika od koje se ono može, *jer sa njom nije tako intimno povezano, apstrahovati i apstrahuje se od sebe u meri u kojoj je smešteno u njoj i reflektuje je na sebi* ukoliko nije smešteno u njoj. I to će biti razlog zbog kojeg on izlazi iz sebe, i to će biti pravilo koje će mu diktirati njegov postupak u spoljašnjem svetu. Istim načinom on doseže svoje određenje, koje je pak saznanje harmonično-protivstavljenog u njemu, u njegovom jedinstvu i individualnosti, i – opet – saznanje njegovog identiteta, njegovog jedinstva i individualnosti u harmonično-protivstavljenom. Eto istinske slobode njegovog bića; a ako se on ne vezuje suviše za tu spoljašnju sferu, harmonično protivstavljenu, ako se on suzdržava da se poistoveti s njome, kao i sa sobom, tako da se u toj tački nikada ne može od nje apstrahovati, i ako se čuva da se suviše veže za sebe, te se i od sebe suviše malo može apstrahovati kao od nezavisnog elementa, ako se ne vezuje suviše za sebe, za svoju sferu i svoje doba, onda je on na dobrom putu prema svome određenju. Proživljeno detinjstvo u običnom životu, u kome je on, poistovećen sa svetom, bilo nesposoban da se od njega apstrahuje, u kome je bio bez slobode i, otuda, bez saznanja samog sebe u harmonično-protivstavljenom, niti harmonično-protivstavljenog u njemu, u kome je, posmatran po sebi, bio bez učvršćenosti, bez nezavisnosti, bez pravog identiteta u čistom životu – na to će doba on gledati kao na doba želja, doba u kome čovek stremi da se sazna u harmonično-protivstavljenom, a ovo kao jedinstvo u njemu samom. Radi na tome, potpuno se predajući objektivnom životu, ali mu saznatljivi identitet u harmonično-protivstavljenom ubrzo pokazuje da je to objektivno nemoguće, kao što mu je to već pokazao subjektivno. U stvari, pošto se u tom stanju on nikako ne poznaje u svojoj subjektivnoj prirodi, pošto je naprosto objektivni život u objektivnom, onda se njegovo stremljenje da spozna jedinstvo u harmonično-protivstavljenom svodi na način kako se on ponaša u svojoj sferi, i od koje je također nesposoban da se apstrahuje kao što je subjektivni čovek nesposoban da se apstrahuje od svoje subjektivne sfere, pa će tako postupati u svojoj kao ovaj u svojoj sferi. U njoj je on smešten kao u haromonično-protivstavljenom. On mora težiti da se spozna, pokušavati da se u njoj razlikuje od sebe samog, pretvarajući sebe u načelo protivstavljanja, ako je ona harmonična, i u načelo sjedinjavanja, ako je ona protivstavljena. Ali, teži li da se spozna u toj različitosti, moraće pred samim sobom da ospori realnost sukoba u kome se našao sa sobom, i da taj sučeljavajući proces smatra za varku i proizvoljnost, koji se očituje jedino da bi ga naveo da spozna svoj identitet u harmonično-protivstavljenom, ali onda je i taj identitet, kao spoznato, varka; ili spomenutu različitost smatra za realnu, pa će, naime, prihvatiti da se ponaša kao sjedinjavajuće i kao razlikujuće, to jest zavisno već od toga da li će u svojoj objektivnoj sferi naći neki razlikujući ili neki objedinjavajući element, postaviće se, dakle, kao sjedinjavajući i kao razlikujući element; a od trena kada se to odigra u njegovoj objektivnoj sferi, od koje se on ne može apstrahovati a da se sam ne ukine, rečena zavisnost će biti apsolutna, i tako on neće spoznati *sebe*, neće spoznati *svoj čin* ni kao sjedinjavajući niti kao protivstavljajući. U tom slučaju, on se opet neće spoznati kao identičan, jer različiti činovi, u kojima sebe otkriva, nisu njegovi činovi. On *sebe* nikako ne može spoznati, nije razlikujuće, kao što je to njegova sfera u kojoj on postupa tako mehanički. Ali, ako bi on sada hteo da se postavi kao identičan s tom sferom, ako bi hteo da razreši sukob između života i ličnosti, sukob čijem sjedinjavanju on neprestano stremi i mora stremiti, kao što neprestano stremi i mora stremiti da ga, putem najdublje unutrašnjosti, spozna u Jednom, onda to ničemu neće poslužiti, dokle god se on u svojoj sferi ponaša tako da se od nje ne može apstrahovati; pa ako se može spoznati samo u ekstremima protivrečja razlikovanja i sjedinjavanja, to je upravo zato što živi suviše unutar svoje sfere.

Uzalud, dakle, čovek pokušava, u stanju tek suviše subjektivnom, tek suviše objektivnom, da dosegne svoje određenje, koje se sastoji u tome da sebe spozna sadržanog kao jedinstvo u božanskom, u harmonično-protivstavljenom, kao što je i obrnuto: da božansko, sjedinjeno, harmonično-protivstavljeno, spozna sadržano u sebi. *Jer, to je mogućno jedino u lepom, svetom, božanskom osećanju,* u osećanju koje je lepo ne zato što je naprosto prijatno i srećno, niti zato što je naprosto uzvišeno i snažno, niti što je naprosto jedinstveno i mirno, nego stoga što jeste i može biti sve u isti mah. To je, pak, mogućno jedino zahvaljujući nekom osećanju koje je sveto ne zato što se, nekoristoljubivo, celo predaje svome objektu, niti zato što, nekoristoljubivo, počiva jedino na svojoj unutrašnjoj osnovi, niti zato što, nekoristoljubivo, lebdi između svoje unutrašnje osnove i svoga objekta, nego zato što jeste i može biti sve u isti mah. I to je, pak, mogućno jedino zahvaljujući nekom osećanju koje je božansko ne zato što je puka svest, puka refleksija (subjektivna ili objektivna), koja implikuje gubitak unutrašnjeg i spoljašnjeg života, niti zato što je puko stremljenje (subjektivno ili objektivno određeno), koje implikuje gubitak unutrašnje i spoljašnje harmonije, niti što je više od puke harmonije, poput intelektualne intuicije i njenog mitskog, simboličkog subjekta-objekta, koji implikuje gubitak svesti i jedinstva, nego zato što ono jeste i može biti sve to u isti mah. To je moguće, najzad, jedino zahvaljujući nekom osećanju koje jeste i može biti jedino transcendentalno, jer nije, u sjedinjavanju i uzajamnom delovanju nabrojanih svojstava, ni suviše prijatno i čulno, niti suviše energično i divlje, niti suviše unutrašnje i zagrejano, ni suviše nekoristoljubivo, tj. u prevelikome samozaboravu predano svome objektu, ni suviše ne*sebično*, tj. počivajući odveć *proizvoljno* na svojoj unutrašnjoj osnovi, ni suviše nekoristoljubivo, tj. suviše neodlučno, i prazno, i neodređeno lebdeći između svoje unutrašnje osnove i svoga objekta, niti suviše reflektirano, suviše svesno sebe, suviše oštro i upravo stoga nesvesno svoje unutrašnje i spoljašnje osnove, niti suviše pokretljivo, odveć zahvaćeno svojom unutrašnjom i spoljašnjom osnovom, i stoga nesvesno harmonije unutrašnjeg i spoljašnjeg, niti suviše harmonično, i stoga odveć malo svesno sebe i unutrašnje i spoljašnje osnove, pa zato i odveć neodređeno, i manje prijemčivo prema istinski beskonačnom, stvarnoj, *određenoj* beskonačnosti, počivajući izvan nje, i nesposobno da traje. Ukratko, budući da postoji i jedino može postojati u trostrukom svojstvu, ono je manje izloženo bilo čemu jednostranom kod ta tri svojstva uzetim ponaosob. Iz njega se, naprotiv, bude izvorno sve snage koje, doduše na određeniji i saznatljiviji, ali i izolovaniji način, ta svojstva poseduju; isto tako se, sa svoje strane, te snage, pa i njihova svojstva i ispoljavanja, koncentrišu u njemu i ponovo, svojim sprezanjem, postaju u njemu živo, za sebe samo postojeće određenje, organi koji mu pripadaju, sloboda koja mu se vraća. Umesto da sebe omeđe u svoju ograničenost, ona zadobijaju, ukupno uzeta, svoju potpunost. Ta bi se tri svojstva mogla shvatiti kao žudnja za spoznavanjem harmonično-protivstavljenog u živom jedinstvu, ili ovoga u prvom, kao žudnja za izražavanjem u subjektivnijem ili objektivnijem stanju. Jer, upravo ta različita stanja takođe proističu iz rečenog jedinstva koje sazdaje njihovu sjedinjenost.

Znak za izlaganje i jezik

Nije li jezik poput saznanja o kome je upravo bilo reči i o kojem smo rekli da je u njemu ono sjedinjeno sadržano kao jedinstvo, i obrnuto (?), i da je trostruko itd.? Kako za prvo tako za drugo, nije li najlepši trenutak – trenutak *izražavanja* u doslovnom smislu te reči, trenutak kada jezik dostiže svoju vrhunsku duhovnost, najživlju svest, trenutak kada se odigrava prelaz od određene u neku opštiju beskonačnost?

Ne počiva li upravo u tome čvrsta tačka koja će odrediti vrstu odnosa u crtežu, kao i karakter i intenzitet lokalne boje i osvetljenja?

Ne svodi li se svako prosuđivanje jezika na to da se on ispituje, po najpouzdanijim i najnepogrešivijim kriterijumima, da li je on jezik nekog pravog, dobro opisanog osećanja?

Kao što saznanje predoseća jezik, tako se jezik seća saznanja.

Saznanje predoseća jezik po tome 1) što je ono bilo još nereflektovano čisto osećanje života, određene beskonačnosti u kojoj je ono sadržano, 2) što se ono ponavljalo u disonancama unutrašnjeg reflektovanja, stremljenja i pesničkog stvaranja, i sada, posle tih uzaludnih pokušaja, ponovo se zatiče i reprodukuje unutra, posle tih prećutanih predosećanja, kojima je, takođe, potrebno njihovo vreme, po tome što ono sebe nadmašuje i ponovo se zatiče u celoj beskonačnosti, tj. biva svesno i nadmoćno ukupnosti svog unutrašnjeg i spoljašnjeg života, zahvaljujući nematerijalnom, čistom tonu, kao i odjeku iskonskog živog osećanja, kojeg je ono dobilo i moglo da dobije posredstvom ukupnog dejstva svih unutrašnjih pokušaja, posredstvom te više, božanske prijemčivosti. Upravo u tom trenutku, kada se iskonsko živo osećanje, koje se, pročišćeno, preobrazilo u čisti ton, pristupačan beskraju, nalazi kao beskraj u beskraju, kao duhovna celina u živoj celini, u tom trenutku može se reći da je jezik predosećan. I ako sada, kao u iskonskom osećanju, sledimo refleksiju, ona više nije element rastakanja i uopštavanja, komadanja i oblikovanja, da bi se svela na nejasnu tonalnost, nego se preporađa u srcu svega što joj je bilo oduzeto; ona je životvorna umetnost, kao što je prethodno bila umetnost koja oduhovljuje, i uzastopnim udarcima svoga čarobnog štapića ona priziva izgubljeni život u začarani život, sve do trenutka kada se taj život ponovo ne oseti kao ceo kako se prvobitno osećao. A ako je tok i određenje života uopšte da se iz prvobitne jednostavnosti oblikuje u najvišu formu, pri kojoj čovek, otuda, biva bliži beskrajnom životu i gde utoliko dublje prihvata sve što je najapstraktnije, onda, počev od tog vrhunskog protivstavljanja i sjedinjavanja živog i duhovnog, formalnog i materijalnog subjekt-objekta, ponovo ustoličava u duhovnom svoj život, u živom svoj lik, u čoveku njegovu ljubav i njegovo srce, a u njegovom svetu zahvalnost; i, konačno, pošto su predosećanje i nada ispunjeni, naime ako je u *ispoljavanju* dosegnuta spomenuta najviša tačka oblikovanja, dosegnuta najviša forma u najvišem životu, a ne samo u sebi, kao u početku ispoljavanja u doslovnom smislu te reči, ili u stremljenju, kao i u daljnjem razvijanju ispoljavanja koje je u pitanju, pri čemu ispoljavanje priziva život iz duha i duh iz života, nego i tamo gde je ono otkrilo prvobitni život u najvišoj formi, *gde su duh i život na obe strane jednaki*, i gde je prepoznalo nađeno, beskrajno u beskrajnom. Posle tog trećeg i poslednjeg ispunjenja, koje nije samo prvobitna jednostavnost srca i života, kada se čovek prostodušno oseća u nekoj ograničenoj beskonačnosti, niti tek stečena jednostavnost duha, kada je upravo razmatrano osećanje (koje je i ideal) pročišćeno do čisto formalne tonalnosti, prihvata se cela beskonačnost života. No, to ispunjenje je duh ponovo oživljen beskrajnim životom. Ne sreća, niti ideal, nego uspelo delo i stvaranje, koja mogu biti nađena jedino u ispoljavanju, a osim u ispoljavanju jedino u stanju nade, u idealu proizišlom iz određenog, iskonskog osećanja. Tako, posle tog trećeg ispunjenja, s kojim je određena beskonačnost dovoljno prizvana u život, beskrajna beskonačnost dovoljno oduhovljena da bi po obe strane bila jednaka duhu i životu, tako, posle tog trećeg ispunjenja, ono određeno sve većma oživljava, beskrajno se sve većma oduhovljuje, sve do trenutka kada, upravo time, iskonsko osećanje okončava kao život, baš kako je *u ispoljavanju* započelo kao duh i viša se beskonačnost, iz koje je ono dobilo život, oduhovila, baš kako je postojalo kao živuće u ispoljavanju. Dakle, ako takvim izgledaju tok i određenje čovekovo, tada su takvi tok i određenje sve i svake poezije. I kao što, na tom stupnju formiranja, na kojem se čovek, potekavši iz prvobitnog detinjstva i po cenu disonantnih pokušaja, na jedvite jade uzdigao do najviše forme, do čistog odjeka prvog života, osećajući se tako beskrajnim duhom u beskrajnom životu, kao što, na tom stupnju formiranja, čovek zapravo tek stupa u život, i predoseća svoje delovanje i predodređenje, tako i pesnik predoseća – na tom stupnju, na kojem se, počev od nekog iskonskog osećanja i po cenu disonantnih pokušaja, na jedvite jade uzdiže do tona, do najviše čiste forme istog osećanja i potpuno se sagledava, zahvaljujući tom tonu, u svom ukupnom spoljašnjem i unutrašnjem životu – predoseća on, na tom stupnju, svoj jezik i, s njime, autentično ispunjenje sadašnje i, u isti mah, svake poezije.

Rekli smo već da na tom stupnju iskrsava neka nova refleksija, koja srcu vraća sve što mu je bilo uzeto, i koja za duh pesnika i njegovu buduću pesmu predstavlja životvornu umetnost, kao što je bila oduhovljujuća umetnost za iskonsko osećanje pesnika i njegove pesme. *Proizvod te stvaralačke refleksije jeste jezik.* Jer, kada se pesnik, osećajući se obuhvaćenim, sa svim svojim unutrašnjim i spoljašnjim životom, u čistom tonu svoga iskonskog osećanja, osvrne po svome svetu, ovaj mu izgleda nov i nepoznat, zbir svih njegovih iskustava, njegovog znanja, njegovih koncepcija i misli. Eto čemu umetnost i priroda, takve kakve se prikazuju u njemu i izvan njega; sve mu se tada pokazuje kao prvi put, upravo zato kao neshvaćeno, neodređeno, rastvoreno u čistoj materiji i njemu savremenom životu; izuzetno je važno da on, u tome trenutku, ne prima ništa kao dato, da mu ništa pozitivno ne bude polazište, da priroda i umetnost, takve kakve ih je jednom upoznao i kakvim ih vidi, ne *govore* pre nego što *za njega* postoji neki jezik, tj. ne pre nego što je sada nepoznato i neimenovano u njegovom svetu postalo njemu poznato i iskazivo, budući da ga on – upoređujući sa svojim zvučanjem – smatra saglasnim s tim stanjem. Jer, ako bi neki jezik prirode i umetnosti za njega postojao u određenom vidu pre nego što bi za njega postojala ta refleksija o beskrajnoj materiji i beskrajnoj formi, pesnik bi se našao *daleko* izvan svoga polja delovanja, istupio bi iz svoga stvaranja. Ne budući *njegov* jezik, i za njega, ne *proistekavši* iz njegovog života i njegovog duha, nego jezik umetnosti, jezik prirode ili umetnosti, svaki *modus exprimendi*[20] prvog ili drugog bio bi prvi; osim ako mi se taj jezik umetnosti ne bi prikazao u određenom vidu, on bi pre toga već bio određujući čin stvaralačke refleksije umetnika koja bi se sastojala u tome da ga je njegov svet, zbir njegovog spoljašnjeg i unutrašnjeg života, koji je i moj više ili manje, snabdeo materijom kojom se daju označavati tonovi njegovog duha i prizivati, posredstvom tog srodnog znaka, iz njegovog zvučanja život koji mu leži u osnovi. On me, dakle, imenuje tim znakom, svoju materiju posuđuje mome svetu i određuje me da tu materiju prenesem u znak; otuda se važna razlika između mene, određenog načela, i njega, određujućeg načela, sastoji u tome da on, čime sebe čini razumljivim i shvatljivim, napreduje počev od beživotnog, nematerijalnog, stoga manje protivstavljivog i besvesnijeg zvučanja, i upravo time je objašnjava: 1) u njenoj beskonačnosti saglasja, ukupnošću srazmernoj formi, kao i materiji srodne teme, i idealno promenljivim svetom, 2) u njenoj određenosti i doslovnoj konačnosti, izlaganjem i nabrajanjem njene sopstvene materije, 3) u njenoj tendenciji, njenoj opštosti u posebnom, protivstavljem njene sopstvene materije prema beskrajnoj materiji, 4) u njenoj meri, lepoj određenosti, jedinstvu i čvrstini njenog beskrajnog saglasja, u njenom beskrajnom identitetu i individualnosti, i držanju, u njenoj poetskoj prozi jednog sveograničavajućeg momenta, u kome se stiču i negativno sjedinjavaju, upravo stoga izričito i čulno, svi navedeni elementi; objašnjava, naime, beskrajnu formu, kao i beskrajnu materiju, time što je, zahvaljujući *rečenom momentu*, beskrajna forma poprimila izvesno uobličenje, smenu slabog i jakog, a beskrajna materija poprimila izvesno sazvučje, smenu zvonkog i tihog, dok se oboje negativno sjedinjuje u sporosti i brzini, najzad u odlaganju kretanja, i sve to posredstvom tog momenta i delatnosti koja leži u njegovoj osnovi, *beskrajnoj lepoj* refleksiji koja je, u svom kontinuiranom omeđavanju, istovremeno načelo kontinuiranog povezivanja i sjedinjavanja.

OSEĆAJ GOVORI U PESMI IDEALNO...

Osećaj *govori* u pesmi idealno – strast naivno – mašta energično.

I kao što opet idealni element deluje u pesmi na osećaj (posredstvom strasti), naivni deluje na strast (posredstvom mašte), energični na maštu (posredstvom osećaja).

naivna pesma
Osnovni ton.
Strast itd.   posredstvom mašte.
Jezik.
Osećaj strast mašta osećaj strast mašta osećaj.
                                                    Posredstvom mašte.
Dejstvo.
Strast mašta osećaj strast mašta osećaj strast.

energična pesma
Osnovni ton.
mašta itd.   posredstvom osećaja.
Jezik.
Strast mašta osećaj strast mašta osećaj strast.
vanredno posredstvom osećaja.
Dejstvo.
Mašta osećaj strast mašta osećaj strast mašta.

idealna pesma
Osnovni ton.
Osećaj itd.   posredstvom strasti.
Jezik.
Mašta osećaj strast mašta osećaj strast mašta.
vanredno posrestvom strasti.
Dejstvo.
Osećaj strast mašta osećaj strast mašta osećaj.

?

Mašta strast osećaj mašta strast osećaj mašta.
posredstvom osećaja.
Osećaj mašta strast osećaj mašta strast osećaj.
Stil pesme *Diotima*.

IZRAZ, KARAKTERISTIČNI...

Izraz, karakteristični, čulni, individualni, uobičajeni element pesme, ostaje uvek jednak sebi; i ako je svaki od različitih delova različit u sebi, onda je prvi u svakom delu jednak prvome u ostalim, drugi u svakom delu jednak drugome u ostalim, treći u svakom delu jednak trećem u ostalim. Stil, ono

NE NALAZI LI IDEALNA KATASTROFA...

Ne nalazi li idealna katastrofa, time što se prirodni ton početka pretvara u svoju suprotnost, svoje razrešenje u herojskom tonu?
Ne nalazi li prirodna katastrofa, time što se herojski ton početka pretvara u svoju suprotnost, svoje razrešenje u idealnom tonu?
Ne nalazi li herojska katastrofa, time što se idealni ton početka pretvara u svoju suprotnost, svoje razrešenje u prirodnom tonu?
To važi za epsku pesmu. Tragička pesma ide za ton dalje; lirska pesma se služi tim tonom kao suprotnošću i, u svakom stilu, vraća se tako na svoj početni ton; ili: epska pesma se završava sa svojom početnom suprotnošću, tragička s tonom svoje katastrofe, lirska sa samom sobom.

POETOLOŠKE TABLICE

lirska

| naivno | herojsko | idealno |
| Idealno | naivno | herojsko |

tragička

| idealno | naivno | herojsko |
| herojsko | idealno | naivno |

epska

| herojsko | idealno | naivno |
| naivno | herojsko | idealno |

Ogledi i nacrti 55

Lirsko

naivno *Idealno*, herojsko *Naivno*, idealno *Herojsko* – herojsko *Idealno*, idealno *Naivno*, naivno *Herojsko*, herojsko *Idealno*

Tragičko

idealno *Herojsko*, naivno *Idealno*, herojsko *Naivno* – naivno *Herojsko*, herojsko *Idealno*, idealno *Naivno*, naivno *Herojsko*

Epsko

herojsko *Naivno*, idealno *Herojsko*, naivno *Idealno* – idealno *Naivno*, naivno *Herojsko*, herojsko *Idealno*, idealno *Naivno*

	L.		T.		P.[21]
naivno	Idealno	idealno	herojsko	herojsko	Naivno
herojsko	Naivno	naivno	Idealno	idealno	Herojsko
idealno	Herojsko	herojsko	Naivno	naivno	Idealno
<	>	<	>	<	>
herojsko	Idealno	naivno	Herojsko	idealno	Naivno
idealno	Naivno	herojsko	Idealno	naivno	Herojsko
naivno	Herojsko	idealno	Naivno	herojsko	Idealno
herojsko	Idealno.	naivno	Herojsko.	idealno	Naivno.

Ajant
ili obrnuto.

herojsko	Idealno
idealno	Naivno
naivno	Herojsko
<	>
herojsko	Naivno
idealno	Herojsko
naivno	Idealno
herojsko	Naivno.

Antigona

id. naiv. her. id.   /   naiv. her. id.
naiv. her. id. naiv.   /   her. id. naiv.
her. id. naiv. her.   /   id. naiv. her.
<
id. naiv. her. id.   /   naiv. her. id.
naiv. her. id. naiv.   /   her. id. naiv.
her. id. naiv. her.   /   id. naiv. her.
id. naiv. her. id.   /   naiv. her. id.

her. id. naiv. her.   /   id. naiv. her.
id. naiv. her. id.   /   naiv. her. id.
naiv. her. id. naiv.   /   her. id. naiv.
<
her. id. naiv. her.   /   id. naiv. her.
id. naiv. her. id.   /   naiv. her. id.
naiv. her. id. naiv.   /   her. id. naiv.
her. id. naiv. her.   /   id. naiv. her.

naiv. her. id. naiv. her. id. naiv.
her. id. naiv. her. id. naiv. her.
id. naiv. her. id. naiv. her. id.
naiv. her. id. naiv. her. id. naiv.
her. id. naiv. her. id. naiv. her.
id. naiv. her. id. naiv. her. id.
naiv. her. id. naiv. her. id. naiv.

1	2	3	4	5	6	7
hinh	inhi	nhin	hinh	inhi	nhin	hinh.

1	2	3	4	5	6	7
hinhinh	inhinhi	nhinhin	hinhinh	inhinhi	nhinhi	hinh.

TRAGIČKOM PESNIKU DOBRO DOLAZI...

Tragičkom pesniku dobro dolazi izučavanje lirskog pesnika, lirskom pesniku epskog, epskom tragičkog. Jer, u tragičkom pesništvu je ispunjenje epskog, u lirskom ispunjenje tragičkog, u epskom ispunjenje lirskog. Pa ako je i ispunjenje svih u mešanom izrazu svih, ipak je onda jedan od tri vida najistaknutiji u svakome.

LIRSKA, PO IZGLEDU IDEALNA PESMA...

Lirska, po izgledu idealna pesma, naivna je po svome značenju. Ona je produžena metafora nekog osećanja. Epska, po izgledu naivna pesma, herojska je po svome značenju. Ona je metafora velikih stremljenja. Tragička, po izgledu herojska pesma, idealna je po svome značenju. Ona je metafora neke intelektualne intuicije.

Po svom *osnovnom zvučanju*, lirska pesma je *čulna*, jer ona sadrži neko najlakše pristupačno saglasje, i otuda, po svom spoljašnjem izgledu, ne stremi toliko stvarnosti, vedrini i ljupkosti; izbegava čulno povezivanje i prikazivanje (budući da je njen čisti osnovni ton upravo tome sklon da naginje) toliko da u njenim sklopovima i njihovim kombinacijama pre zatičemo čudesno i natčulno, te herojske energične disonance s kojima ne gubi ni svoju stvarnost, životnost, kao što se to dešava u idealnoj slici, ni svoju tendenciju prema uzdizanju, kao što se to dešava u neposrednom izrazu. Te herojske energične disonance, koje objedinjavaju uzdizanje i život, jesu razrešenje protivurečnosti o koju se ona spotiče time što, s jedne strane, ne može i neće da padne u čulno i, s druge, ne može i neće da prizna svoj osnovni ton, unutrašnji život. Ali, kada je njen osnovni ton ipak herojskiji, sadržajniji, kao što je to, na primer, u Pindarovoj himni gladijatorskom borcu Dijagori,[22] dakle kada ima manje da izgubi na idealnosti, onda počinje naivnim načinom; što je ona idealnija, srodnija umetničkom karakteru, stečenom neautentičnom tonu, dakle kada ima manje da izgubi na unutrašnjosti, onda počinje herojskim načinom; što je ona interiorizovanija, kada ima više da izgubi na sadržini, a naročito uzdizanju i čistoti sadržine, onda počinje idealnim načinom.

U lirskoj pesmi naglasak pada na neposredniji jezik naše osećajnosti, na najizrazitiju interiornost, a njeno ustrajavanje, njen stav, bivaju herojski, njen smer – idealan.

Po svom spoljašnjem izgledu, epska je *naivna pesma*, a po *osnovnom zvučanju* – većma je *patetična*, herojskija, aorgičnija;[23] Stoga, u svojoj izvedbi, ona svojim umetničkim karakterom stremi ne toliko energiji, kretanju, životu, koliko preciznosti, smirenosti, slikovitosti. Protivstavljanje njenog osnovnog zvučanja s njenim umetničkim karakterom, njenog pravog tona s njenim neautentičnim, metaforičkim, razrešava se na ravni idealnog, gde ona, s jedne strane, ne gubi toliko na životu koliko na svom strogo ograničenom umetničkom karakteru, niti, s druge strane, na umerenosti koliko na neposrednijem ispoljavanju njenog osnovnog tona. Kada je njen osnovni ton, čija intonacija može varirati, idealniji, kada ona manje gubi na životu i polaže, naprotiv, više na organizaciji, celini, onda pesma može početi svojim osnovnim, herojskim tonom – *menin aeide thea*[24] – i biti herojsko-epska. Kada energični osnovni ton manje polaže na idealno, više, naprotiv, na srodstvo sa umetničkim karakterom, koji je naivni, onda ona počinje idealnim načinom; kada je autentični karakter osnovnog tona takav da on mora izgubiti na tendenciji kao idealnom, ali još više na naivnosti, onda pesma počinje naivnim načinom. Ako element koji miri i sjedinjava osnovni ton i umetnički karakter neke pesme sazdaje duh pesme, i ako taj duh iziskuje da bude očuvan, pri čemu je taj duh u epskoj pesmi ono idealno, onda na tom elementu epska pesma mora najviše da ustrajava, dok naglasak, naprotiv, mora najvećma pasti na osnovni ton, koji je ovde ono energično, a usmerenost će biti prema umetničkom karakteru, koji je ovde ono naivno, i u tome će se sve morati koncentrisati, i u tome izdvojiti i individualizovati.

Tragička, po svom *spoljašnjem izgledu*, jeste *herojska pesma*, po svom *osnovnom tonu – idealna*, a sva dela ove vrste moraju se zasnovati na nekoj intelektualnoj intuiciji koja ništa drugo ne bi smela biti nego jedinstvo sa svim što živi – a što, doduše, ograničena duša nije kadra da oseti i što se samo može naslutiti u njenim najvišim stremljenjima, ali što duh može spoznati – i proističe iz nemogućnosti nekog apsolutnog razdvajanja i upojedničavanja; najlakši način da se to iskaže u tome je da se kaže da stvarno razdvajanje i, sa njim, sve što je doista materijalno prolazno, kao i da sprezanje i, sa njim, sve što je doista duhovno trajno, da objektivno kao takvo, i kao i subjektivno kao takvo, jesu samo stanje izvornog u kome se nalaze zato što moraju izići iz sebe. U tom stanju je mirovanje nemogućno zato što način sjedinjenosti u njemu ne može ostati uvek isti, pa i po materiji – jer delovi sjedinjenog ne mogu ostati uvek istim bližim ili daljim odnosima; zbog toga sve se sreće sa svime i svakom delu pripada njegovo puno pravo i puna mera života, i svaki deo je, tokom napredovanja, jednak sa celinom, po potpunosti, kao što je i, obrnuto, celina, tokom napredovanja, jednaka delovima po određenosti: što delovi dobijaju na sadržini, celina dobija na unutrašnjosti, što oni dobijaju na životu, ona dobija na živoosti, što se oni, tokom napredovanja, više osećaju, ona se, tokom napredovanja, više ispunjava. Jer večni je zakon da se celina, bogata sadržajem, ne oseća u svojoj sjedinjenosti ni sa određenošću ni sa životnošću, niti u tom čulnom jedinstvu u kome sebe osećaju njeni delovi, koji su takođe celina, samo lakše međusobno povezani. Tako bi se moglo reći: kada živost, određenost, jedinstvo delova, tamo gde se oseća njihova ukupnost, premašuju *postavljenu im* granicu i postaju bol, odlučnost i najapsolutnija *mogućna* upojedinjenost, onda se tek celina, *u tim delovima*, oseća živa i određena koliko se oni sami, u svojoj ograničenijoj ukupnosti, osećaju u stanju mirovanja, ali i kretanja. (Tako, na primer, lirska (individualnija) intonacija, u kojoj individualni svet teži da se rastoči u svom najsavršenijem životu i najčistijem jedinstvu i, čini se, u tački u kojoj se ona individualizuje, u delu kojem se stiču njeni delovi, nestane u najunutrašnjijem osećanju, da se tu tek individualni svet oseća u svojoj ukupnosti, da tek tu gde ono što oseća i ono što je osećano žele da se razdvoje, individualna sjedinjenost jeste na najživlji i najodređeniji način prisutna i ponovo se čuje.) Celina će se, dakle, osetiti upravo u stepenu i srazmeri u kojoj će razdvajanje napredovati unutar delova i njihovog središta, u kojoj su delovi i celina najsenzibilniji. Jedinstvo, prisutno u intelektualnoj intuiciji, senzibilizuje se upravo u meri u kojoj izlazi iz sebe, u kojoj se odigrava razdvajanje njenih delova, koji se i dele samo zato što se ne osećaju odveć sjedinjeni; bilo zato što su u celini suviše blizu središnjem mestu, bilo zato što se ne osećaju dovoljno sjedinjeni; ili, pak, što se tiče njihove živosti, kada nisu ni sporedni, u navedenom smislu, ni bitni delovi, nego delovi koji su tek samo deljivi a delovi još nisu postali. U prekomerju duha u okrilju sjedinjenosti, u njegovoj težnji ka materijalnosti, u težnji deljivog, beskrajnijeg, aorgičnijeg, sve ono što je organskije mora biti sadržano, jer sve što na određeniji i nužniji način postoji iziskuje ono neodređenije, nenužnije prisutno. U toj težnji deljivog, beskrajnijeg, ka razdvajanju, u težnji koja se, u stanju najviše sjedinjenosti svega organskog, saopštava svim delovima u njoj sadržanim, u toj nužnoj *samovolji Zevsa* počiva zapravo idealni početak stvarnog razdvajanja. Odatle ono produžava do momenta kada se delovi, u stanju najizraženije napetosti, međusobno najjače protivstavljaju. Počev od tog protivstavljanja, ono se ponovo povlači, posuvraćuje u sebe, naime do momenta kada su delovi najmanje izvorno interiorizovani, u njihovoj posebnosti, kada se *ti* delovi, na tom mestu u celini, međusobno ukidaju i nastaje neko novo jedinstvo. Prelaz od prvog jedinstva ka drugom jeste trenutak vrhunske napetosti u protivstavljanju. A kretanje prema njemu razlikuje se od povratka po tome što je prvo idealnije, drugo – realnije, po tome što je u prvome motiv idealno određujući, reflektovan, što je više potekao iz celine nego što je individualan, dok je, kod drugog, proistekao iz strasti i individua.

Kada je intelektualna intuicija subjektivnija, a razdvajanje proističe poglavito iz koncentrirajućih delova, kao što je to u *Antigoni*, stil je lirski. Potiče li razdvajanje više iz sporednih delova i objektivnije je, stil je epski. Potiče li iz vrhunske razdvojivosti, od Zevsa, kao što je to u *Edipu*, onda je stil tragički.

U svakoj pesničkoj vrsti, epskoj, tragičkoj i lirskoj, *građom bogatiji* osnovni ton izražavaće se u naivnom stilu, kada je osnovni ton *intenzivniji i emocionalno bogatiji*, u idealnom, kada je osnovni ton *duhom bogatiji*, izražavaće se u energičnom stilu; jer, ako se u duhom bogatijem osnovnom tonu razdvajanje zbiva počev od beskrajnog, ono mora, najpre, delovati na koncentrirajuće delove ili na središte, mora im sebe saopštiti, pa ukoliko je razdvajanje prihvaćeno, ono neće moći da se izrazi na oblikotvoran način, ne reprodukujući sopstvenu celinu; ono može jedino da reaguje, a to je, onda, energični početak. Tek na to razdvajanje reaguje protivstavljeni glavni deo, kojeg takođe pogađa prvobitno razdvajanje i kojeg, budući prijemčiviji, ono nije stiglo brzo da ponovi, pa tako tek sada reaguje. U tom procesu akcije i reakcije glavnih delova bivaju sporedni delovi, koji su takođe bili zahvaćeni prvobitnim razdvajanjem, ali samo dotle dok su težili promeni, sada zahvaćeni stvarnim izražava-

Ogledi i nacrti

njem; zahvaljujući tom izražavanju, glavni delovi, sve do momenta prvobitnog razdvajanja, do svog potpunog izražavanja.

Proističe li razdvajanje iz središta, to se događa zahvaljujući prijemčivijem glavnom delu; jer, ovaj se onda reprodukuje u idealnim slikama, razdvajanje deli[25]

OSVRT

Uz **Junakinju,** komad Zigfrida Šmita

Ovaj se tekst suštinski razlikuje od drugih, neautentičnih produkata sa istog područja, obično tako škodljivih za umetnost i humanitet, i budući da, s jedne, ukus za komično očito i nesrazmerno teži ka karikaturi i da se, s druge strane, upravo zbog toga, izgleda, širi nepravedna predrasuda prema komičkom, moralo bi biti maksima da se potpomažu pravi spisi ove vrste.

Karakteri i *situacije* u ovoj pozorišnoj igri, baš kao i celi zaplet, ono su što i moraju biti u tom području poezije: verni, ali *pesnički shvaćen* i *umetnički prikazan* odraz običnog, to jest onog života koji je u slabijoj i daljoj vezi sa celinom i koji baš zato, pesnički shvaćen beskrajno značajan, mora po sebi, u visokom stepenu, biti beznačajan.

Upravo tim kontrastom se bavi komički pesnik, na šta nam nudi jedan *estetski* autentičan pogled. Svojim vidovitim duhom i dobronamernom dušom, on shvata kako obične tako i neobične karaktere i *situacije* svoga zapleta: potonji su suviše malo zabavljeni i fiksirani svojim *objektom*, skloniji da stvarima pripišu više sadržaja nego što ga *stvarno* ima u njima, a prvi, pak, suviše okovani za stvarnost iz iste sfere, pokušavaju da se silom i lukavstvom iz nje izvuku, nastojeći da poremete odnose u tako značajno beznačajnoj sferi. Teškoća i prvih i drugih u tome je da tesna sfera ne može po sebi da ih potpuno zadovolji, a oni su ipak suviše njome zahvaćeni i stoga samo fantazije.

Da pesnik to shvata više ili manje jasno, i da uviđa da u temi te vrste, kao i u svakoj temi koju bi izabrao, mora uvek da iseče deo živog tkiva, odlomak života iz živog spleta, da bi ga učinio predmetom svoga rada, eto onoga što ga čini umetnikom, naime ono što ga podstiče da izloži svoju pesmu. Pri tom izlaganju, naime, sve vodi tome da se razreši i razotkrije kontrast između onoga što svaka tema, koja se mora pojaviti izvan životnog konteksta, ima od poletnog i jednostranog. Upravo to pokušava pesnik, najpre, time što spomenuti kontrast predstavlja ravnomerno i dovoljno oštro u čistim opozicijama, a zatim zasnivajući ga i dovoljno *motivišući*, te najzad time što sve delove teme dovodi u međusobni odnos. Svim tim sredstvima pesnik pokušava da temi, koja – budući *izolovana* – osciluje između krajnosti, obezbedi razvoj koji će joj omogućiti da se pojavi u svom najčistijem, svom najsvojstvenijem odnosu prema celini; utoliko on ne pokušava da je uzdigne, ili učini čulnom, nego da je uspostavi kao prirodnu istinu. Upravo tamo gde je njegova tema najdublje preuzeta iz stvarnosti, kao što je to u idili i komediji, i elegiji, tu će on prvenstveno morati da otkupi lopovluk time što će mu dati *estetski* autentičan izgled, predstavljajući ga u njegovoj najprirodnijoj vezi sa celinom, a ne tako što će ga učiniti još čulnijim, konkretnijim. Jer, to je posao velikog *epa* koji ishodi zapravo iz najapstraktnije[26] *poetske* teme, i baš zbog toga mu predstoji najduži put da bi opet uspostavio kontakt svog *eteričnog* istinskog predmeta sa ostatkom života i približio ga čulima; stoga i verujem da izlaganje i jezik *Ilijade* poprimaju sasvim drugo značenje kada se oseti da se u njoj slavopoji daleko više *Jupiteru*, Ocu, nego *Ahilu* ili nekom drugom.

Verujem da su ova okolišenja oprostiva, jer su kolebanja i predrasude o dodirnutim tačkama, po svemu, još dovoljno jaka i, svakako, ni najmanje nevažna, a sigurno će se smatrati podnošljivijim ako, s dobrom namerom, kažem neku reč u nevreme nego ako bih izabrao najpogodniji trenutak radi ustoličavanja nekog svojeglavlja.

U meri u kojoj je ono dosad rečeno primenjivo na komediju, smatram da smo pogodili i gledište kojim se prvenstveno nadahnuo autor ovog komada, a do koje tačke je pesnik postupao *konsekventno*, pre svega sam kao recenzent zaključio na osnovu malih *nekonsekvencija* u pesmi koje tako lako padaju u oči.

Recenzent tako nalazi da su, u većini prizora, razgovori vojnika ponekad produžavaju unedogled. Ili besedenje ne sme biti prekinuto kad mu je ritam utoliko brži i snažniji ako ono *mora* biti *ekstravagantnije* u običnom ili neobičnom žanru? Ali, u tim razgovorima je iskorišćen jampski stih srećno i s pravim osećajem za njegovu dvosmislenost; i ako se to ne oseća, samo je zato što je on na svom mestu. On je tu po prilici i zato da bi se od reči do reči oštrije protivstavljanje učinilo primetnijim u vulgarnom govoru. Pa i tu, kao i u mnogo čemu drugom, autor ima za sobom autoritet starih komediografa, na primer *Terencija*, a onim vremenima se ipak ne bi mogao prebaciti nedostatak ukusa,

Osobito se majstorskim mogu nazvati komplementarni karakteri, smešteni posred kontrapunktnih uloga, kakve su *Klapova, dečaka* u šumi, te *prostodušne krčmarice*.

Ali, naročito zahvalimo pesniku za mnoge lepe, dobro vođene *digresije*, saglasne s karakterom komada i likova, i uživajmo u tome što ovde nismo prevareni praznom zvekom.

Pogotovo kad je u većini komedija ono što se zove *zaplet*[27] samo puko pršenje muza, čime bi trebalo da budu privučeni detinjasti ljudi, a kako se nepristojnost otapa u ništa, dok samo ono čisto ustrajava, poželeli bismo da vidimo autora kako sebi olakšava posao u tome pogledu u odgovarajućem delu komada. Što se tiče karaktera, njihova zasnovanost je u visokom stepenu tačna. Ne samo da su istiniti, nego su od vrste koja savršeno odgovara komediji, likovi bornirani koji utoliko više pokušavaju da se pokažu kao prepredeni. No, recenzentu je izgledalo da je njihova *afektacija*, koliko god tačno postavljena, ipak prikaza nesrazmerno tvrdo.

Ali, autoru se to može oprostiti, pošto je upražnjavanje moderne poezije najvećim delom, i ovde, kao i u *lirskoj* pesmi s rimama, nositi teško breme umesto *Merkurovih* krilaca na petama, a praviti složena preplitanja u *komediji* još grđe je nego što su ona u ozbiljnom životu samom.

No, pošto će teškoću s kojom se pesnik ovde suočava osetiti opet samo oni koji osećaju koliko se mnogo pri tome žrtvuje, i pošto je, osim toga, život umetnika ionako kratkog veka među nama, nikako ne može biti loše savetovati one, po prirodi većma *antički* nastrojene Nemce pesnike da ne dopuste duže da ih njihovi zametniji susedi dovode u zabludu, te da u ovu oblast sve više i više uvode jednostavnost i *svrsishodniju* neusiljenost.

O PRIČI KOD STARIH

Lirsko tragičko epsko

O priči kod starih.

Njena načela
Njihov oblik
Sistem
Veza. Pokretljivost.

Raznolike forme koje one, uprkos nužnosti
njihovog obrazovanja, trpe kao načela.

Smisao i sadržaj istih.

Mitološki sadržaj.
Herojski

Čisto ljudski.

Smisao takvih priča uopšte.

Viši moral.

Beskrajnost mudrosti.

Sprega ljudi i duhova.
Priroda, istorija u svome uticaju.

---

[1] U idealnom smislu: bez kazne, nema zakona; u realnom smislu: bez zakona, nema kazne.
[2] U izvorniku *Urteil* (prev.).
[3] U izvorniku *Ur-Theilung* (prev.).
[4] U izvorniku, *Maschinengang* (prev.).
[5] U Bajsnerovom izdanju Helderlinovih dela i pisama, za razliku od kritičkog izdanja kojim sam se prvenstveno rukovodio, ovde postoji nastavak rečenice koji glasi: [...] *dotle dok ga*

savršenstvo i nesavršenstvo tog duhovnog ponavljanja ponovo ne nagnaju u stvarni život. (Prev.)

[6] U izvorniku, *gesittete Menschen* (prev.).

[7] Ovo nije naslov niti međunaslov nego upravo znak na margini koji ukazuje, verovatno kasnije stavljen, na odeljak koji sledi, koji je opet, verovatno, kasnije bio napisan *(prev.)*

[8] U izvorniku, *Das lyrischmytische* (prev.).

[9] U izvorniku, *ins reine Seyn* (prev.).

[10] U izvorniku, na francuskom: *razmaženo dete* (prev.).

[11] Isti okret navodi Helderlin u svome pismu izdavaču Johanu Fridrihu Štajnkopfu, od 18. juna 1799. godine *(prev.)*.

[12] Helderlin za ovaj izraz koristi francusku reč *Bonhomie* (prev.).

[13] Ilustrovati primerima uživo.

[14] Razviti

[15] Primeri uživo.

[16] U pitanju su Pindarovi stihovi, s početka *Prve olimpijske ode*, svakako u Helderlinovom prevodu. Kao da bi Helderlin da evocira sledeće veze: ako voda korespondira prirodnom tonu, vatra bi odgovarala herojskom, a eter duhu, idealnom tonu. Ove analogije obogaćuju naoko veoma apstraktno izlaganje. *(Prev.)*.

[17] Suvišno je reći da je ovo Fosov prevod, a onima koji ga još ne poznaju priznajem da sam se i ja, na svoju žalost, tek odnedavna s njim upoznao.

[Razume se, navedena Helderlinova napomena važi jedino za izvorni tekst, a u svom prevodu ja sam se poslužio nama dostupnim prevodom, Miloša N. Đurića, citiranih Homerovih stihova iz *Ilijade* (9,485–9,498) – prev.]

[18] Kada govori o „dramskom cilju", Helderlin verovatno misli na poseban dramski cilj Horacijeve ode na koju se aludira navedenim stihom (*III*, 29, st. 29) *(prev.)*.

[19] U izvorniku je ovde neispunjeni razmak, prazno i zagonetno mesto, manji zev koji u ionako lavirintsku rečenicu uvodi, sintaksički i semantički, podnošljivosti radi recimo – tek kamenčić spoticanja *(prev.)*.

[20] Lat.: način izražavanja *(prev.)*

[21] Za ovu poetološku tablicu, Helderlin je koristio skraćenice: L[yrisch]. T[ragisch]. N[atürlich]. I one znače: *Lirsko, Tragičko* i *Prirodno* (prev.).

[22] Misli se na Pindarovu 7. *Olimpijsku odu*. Nepoznato je da li je Helderlin ikada prevodio i, možda, preveo ovu pesmu,

ali izvesna aluzija nedvosmisleno potvrđuje da se njome bavio. *(Prev.)*.

[23] U izvorniku, *aorgischere;* epitet koji, kod Hlederlina, određuje prirodu, nasuprot *organisch* (organski), koji određuje umetnost *(prev.)*.

[24] *Gnjev mi, boginjo, pevaj...* Prve reči Homerove *Ilijade*. *(Prev.)*.

[25] U izvorniku, *die Trennung theilt* — pošto nam nije poznat kraj rečenice, ništa manje, ako čak nije i verovatnije, da glagol u pitanju može biti i *mittheilen*, tj. „saopštiti", kako se već može zaključiti na osnovu nekih ranijih rečenica *(prev.)*

[26] U izvorniku, *übersinnlichsten* (prev.).

[27] U izvorniku, *Intrigue,* (prev.).

O tragedijama i tragičkom

ZNAČENJE TRAGEDIJA...

Značenje tragedija najlakše je shvatiti pomoću paradoksa. Jer, sve što je izvorno, pošto je svako dobro pravedno i jednako raspodeljeno, ne pojavljuje se doduše u svojoj izvornoj snazi već zapravo u svojoj slabosti, tako da uistinu životna svetlost i pojavljivanje pripadaju slabosti svake celine. U tragičkom je, pak, znak sam po sebi beznačajan, bez dejstva, ali se ono izvorno direktno ispoljava. Izvorno se, naime, pojavljuje zapravo samo u svojoj slabosti, ali ako je znak sam po sebi postavljen kao beznačajan = 0, i izvorno, skrivena osnova svake prirode, može se predočiti. Predočava li se zapravo priroda u svom najslabijem karakteru, onda je, predočen li u svom najjačem karakteru, i znak = 0.

OSNOVA ZA *EMPEDOKLA*

Tragička oda započinje u plamtećoj vatri; čisti duh, čista unutrašnjost[1*] prekoračila je svoje granice; ona nije dovoljno očuvala u pravoj meri one spone sa životom – svest, razmišljanje ili fizička čulnost – koje nužno, takoreći same, teže kontaktu i, zahvaljujući stanju potpune pounutrenosti, teže mu prekomerno, i tako je, putem prekomerja unutrašnjosti, nastao razdor kojeg tragička oda od početka jednako fingira da bi prikazala ono čisto. Potom se ona spontano razvija, počev od ekstrema razlikovanja i nužnosti, ka ekstremu nerazlikovanja, čistog, natčulnog, koje čak, izgleda, ne prihvata nikakvu nužnost. Odatle ona pada u čistu čulnost, u umereniju unutrašnjost; budući da joj se izvorno vi-

---

* Prevodiočeve napomene uz skupinu tekstova o *tragedijama i tragičkom*, videti na str. 93–96.

ša, božanskija, neustrašivija unutrašnjost pojavljuje kao ekstrem, ona više i ne može da padne na onaj stepen prekomerne unutrašnjosti s kojega je potekao njen početni ton, jer je takoreći iskusila kuda je to vodilo. Polazeći od ta dva ekstrema, ekstrema razlikovanja i ekstrema nerazlikovanja, ona mora da pređe u spokojnu promišljenost, u smirenu osećajnost, u kojima će nužno osetiti, svakako, borbu te napregnute promišljenosti, dakle sopstvenog početnog tona i sopstvenog karaktera, kao protivstavljanja, i morati da pređe u to protivstavljanje ako neće da tragički završi u toj smirenosti. No, pošto je osetila tu borbu kao protivstavljanje, idealni element koji miri ta dva protivstavljanja proizlazi čistiji, prvobitni ton je ponovo nađen, i to nađen zahvaljujući promišljanju; i tako se ona ponovo razvija od te tačke (tj. počev od iskustva i spoznaje heterogenog) i posredstvom trezvenije refleksije, slobodnije, vraća se, dakle, pouzdanija, slobodnija, temeljitija, na svoj početni ton.[2]

Opšta osnova[3]

Ono što se u tragičkoj dramskoj pesmi izražava jeste najdublja unutrašnjost. Tragička oda prikazuje ono što je unutrašnje i u najpozitivnijim razlikama, u stvarnim protivrečnostima; no, te protivrečnosti su, ipak, prisutnije u obliku, kao neposredni jezik osećanja. Tragička pesma još više prikriva unutrašnjost u predstavi, izražava je u oštrijim razlikama, jer izražava dublju unutrašnjost, beskrajnije božansko. Osećanje se više ne izražava neposredno; nije više pesnik i njegovo lično iskustvo ono što se pojavljuje, premda svaka pesma, pa tako i tragička, mora da se iznedri iz poetskog života i poetske stvarnosti, iz ličnog pesnikovog sveta i duše; inače, ako ne bismo umeli da sopstvenu dušu i sopstveno iskustvo prenesemo u neku tuđu analognu građu, nedostajala bi istinska autentičnost i uopšte ništa ne bi moglo biti shvaćeno niti oživotvoreno. I u tragičkoj dramskoj pesmi se, dakle, iskazuje božansko koje pesnik u svome svetu oseća i iskustveno spoznaje; i tragička dramska pesma mu je slika onoga što je živo, što jeste i bilo je prisutno u njegovom životu. Ali, kako ova slika sve više poriče i mora poricati svoju poslednju osnovu upravo u meri u kojoj će se sve većma približavati simbolu, unutrašnjost će, bivajući beskrajnija, bivati sve neiskazivija, bivajući sve bliža *nefasu*,[4] bivati, sve strožije i hladnije, slika u kojoj se mora razlikovati čovek i element njegove osećajnosti da bi ta osećajnost bila zadržana u svojim granicama i da bi slika što manje mogla neposredno izraziti osećaj. Ona je prisiljena da poriče kako formu tako i građu, a građa će morati da bude primer za nju, njen odvažniji, većma tuđ simbol, dok će forma imati pre karakter protivstavljanja i razdvajanja. Potreban je drukčiji svet, tuđi događaji, tuđi karakteri, ali s tim da što je svaka sličnost smelija utoliko bolje bude prilagođena građi, heterogenija samo po svom spoljašnjem obliku, jer ako to tesno srodstvo simbola s njegovom građom, karakteristična unutrašnjost koja zasniva sliku, ne bi bilo očevidno, onda njegova udaljenost, njegov tuđi vid, ne bi bili objašnjivi. Tuđe forme moraju biti utoliko življe što su one više tuđe, i što će manje vidljiva građa pesme nalikovati građi na kojoj se zasniva, duši i svetu pesnika, utoliko manje će duh, božansko, takvo kakvim ga oseća pesnik u svome svetu, morati da se porekne u umetničkoj tuđoj građi. No, čak i u toj umetničkoj tuđoj građi, unutrašnje, božansko, ne sme i ne može se izraziti drukčije nego samo putem razlikovanja čiji je stepen utoliko viši što je osećajnost koja ga zasniva unutrašnjija. Stoga je 1) tragedija po svojoj građi i svojoj formi dramatička, tj. *a*) sadrži neku treću tuđu građu različitu od duše i sveta svojstvenih pesniku, građu koju je izabrao, jer ju je ocenio kao dovoljno analognu da u nju unese svoju ukupnu osećajnost i da je u njoj očuva kao u nekoj posudi, i to utoliko pouzdanije što je ova građa, uprkos analogiji, većma tuđa. Jer, najdublji osećaj rizikuje da bude prolazan u istoj meri u kojoj ne poriče istinske, vremenske i čulne odnose (otuda, uostalom, onaj zakon lirske pesme po kojem, kada je njena unutrašnjost manje duboka, dakle pristupačnija za dosezanje, ona poriče fizičku i intelektualnu povezanost). I upravo zato tragički pesnik, koji izražava najdublju unutrašnjost, poriče u potpunosti svoju ličnost, svoju subjektivnost, kao i objekt prisutan u njegovom duhu. On ih prenosi na tuđu personalnost, na tuđu objektivnost, i čak kada se ukupna osećajnost, koja počiva u njegovoj osnovi, gotovo u celosti izdaje, čak u glavnom liku koji daje ton drami, i u ključnoj situaciji u kojoj objekt drame, sudbina, najjasnije iskazuje svoju tajnu, kada gotovo u celosti poprima oblik homogenosti prema svom junaku (upravo se za njega taj oblik najsnažnije hvata), čak i tu [

]*

i loše posledice koje za dušu imaju lažni pokušaji usmereni ka stvorenoj čistoj unutrašnjosti, ne opet tretirane *samostalno* od strane paćeničkog elementa posredstvom nekog novog primereno neprimerenog pokušaja, nego anticipirajuće načinjene od strane nečeg drugog koje se, idući upravo u istome smeru, smešta samo za stepen više ili niže, tako da duša, osporena lažnim pokušajima poboljšavanja, nije samo uzdrmana sopstvenom nezavisnom delatnošću nego još više alterirana isprednjačivanjem neke tuđe, podjednako lažne nezavisne delatnosti i tako zahvaćena stanjem neke žestoke reakcije.

Osnova za Empedokla

U čistom životu priroda[5] i umetnost se samo harmonično protivstavljaju. Umetnost je cvat, usavršavanje prirode, a priroda biva božanska tek objedinjavanjem s drugovrsnom, ali harmoničnom umetnošću. Kada je svaka ponaosob u potpunosti ono što može biti i kada se jedna sjedinjuje s drugom, nadoknađuje nedostatak druge, nedostatak koga nužno mora biti, da bi potpuno bila ono što kao posebna može biti, onda je savršenstvo pred nama, a božansko je na sredini puta između obe. Organski, umetnički čovek je cvat prirode; priroda, aorgičnija[6], kada je u njenoj čistoti oseti čovek, čisto, na svoj način čisto organizovan i oblikovan, ona mu pruža osećaj savršenstva. Ali, taj život je prisutan jedino u osećanju, a ne postoji za saznanje. Da bi bio saznatljiv, mora se predstaviti time da u prekomerju unutrašnjosti, gde se razmenjuju suprotnosti, sebe odvoji, da organsko, koje se odveć prepuštalo prirodi, zaboravljajući svoju suštinu i svoju svest, pređe u krajnost samostalne delatnosti, umetnosti, i refleksije, a da priroda, naprotiv, bar u svojim učincima na reflektirajućeg čoveka, pređe u krajnost

---
* Rez u rukopisu tzv. lakuna. U ostavštini je zatečen u takvom stanju, i po svemu sudeći – nedostaje, najmanje, deo ispisan na obe (folio-) stranice jednog lista, verovatno izgubljenog. *(Prir.)*

aorgičkog, neshvatljivog, neosetljivog, neograničenog, i to sve dotle dok se, napredovanjem suprotstavljenih uzajamnih učinaka, oba načela, izvorno sjedinjena, ne susretnu kao na početku, uz jedinu razliku što je priroda, zahvaljujući čoveku koji je oblikuje i kultiviše, zahvaljujući instinktima i snagama oblikovanja uopšte, postala organskija, a čovek, naprotiv, aorgičniji, univerzalniji, beskrajniji. Ovo osećanje spada možda u najuzvišenija koja se daju osetiti, uz uslov ako se susretnu oba člana suprotstavljenosti, univerzovalizovani, duhovno živi, čisto umetnički aorgičan čovek i harmonična lepota prirode. To osećanje je možda najuzvišenije što ga čovek može iskusiti, jer sadašnja harmonija ga podseća na raniji, obrnuti i čisti odnos, pa tako oseća prirodu i sebe dvostruko, i povezanost je beskrajnija.

U sredini se nalaze borba i smrt pojedinca, naime momenat kada se organsko lišava svoga jastva, svoga posebnog bivstvovanja koje se prometnulo u krajnost, i kada aorgičko gubi svoju univerzalnost, ne kao na početku, u nekoj idealnoj smešanosti, nego u realnoj, vrhunskoj borbi; otuda posebno, u svojoj krajnosti, mora da se poopštava sve više i više u svojoj delatnosti prema krajnosti aorgičkog, sve više i više mora da se odvaja od svoga središta, dok se aorgičko mora sve više i više koncentrisati u odnosu na krajnost posebnog i sve više i više zadobivati neko središte i pretvarati se u najposebnije. Reč je o momentu *kada organsko, postavši tada aorgičko, samo sebe, izgleda, pronalazi i samom sebi se vraća, fiksirajući se za individualnost aorgičkog, i kada objekt, aorgičko, izgleda da sebe nalazi, nalazeći se u istom trenutku kada ono poprima individualnost a i organsko se nalazi na najvišem stepenu aorgičkog, tako da u tom trenutku,* U TOM RAĐANJU VRHUNSKOG NEPRIJATELJSTVA, IZGLEDA DA SE OSTVARUJE VRHUNSKO POMIRENJE. *No, individualnost tog momenta samo je proizvod vrhunskog sukoba, njegova opštost – samo proizvod vrhunskog sukoba.* I tako pošto je pomirenje izgleda postignuto, i organsko i aorgičko, svako na svoj način, deluju u smeru tog momenta; individualnost sadržana u tom momentu, i aorgički izbijajući iz njega u stopu za utiscima organskog, ponovo postaje aorgička, dok u stopu za utiscima aorgičkog, opštost proistekla organski iz momenta koji ju je sadržavao iznova se partikularizuje. Tako, moment sjedinjenja, poput varljive slike, sve se više i više rastače i, time što aorgički reaguje na organsko, sve se više od njega udaljava. No, time i svojom smrću, lepše nego u svome životu miri i sjedinjava sukobljene krajnosti iz kojih je proistekao. Jedinstvo se, naime, sada više ne pojavljuje u pojedinačnom biću i, stoga, odveć u unutrašnjosti; božansko se više ne pojavljuje kao čulno; srećni privid sjedinjenosti iščezao je upravo u meri u kojoj je bio suviše unutrašnji, suviše jedinstven. Otuda obe krajnosti, od kojih prva, organska krajnost, užasnuto uzmiče s trenutkom koji izmiče i time se uzvisuje u čistiju univerzalnost, a druga, aorgička, prelazeći na prvu, neizbežno postaje za organsku predmet mirnijeg osmatranja, dok unutrašnjost minulog trenutka iskrsava sada univerzalnije, sadržajnije, izoštrenije i jasnije.[7]

Empedokle je, tako, sin svoga neba i svoga doba, svoje otadžbine, sin silovitih protivstavljanja prirode i umetnosti u kojima se svet pojavljuje pred njegovim očima. On je čovek u kome se, na unutrašnji način, odigrava sjedinjavanje tih protivrečnosti *tako* da one u njemu bivaju *Jedno*, da one odlažu i preokreću svoju izvornu izoštrenu formu, da ono što u njegovom svetu važi za subjektivno i postoji na posebniji način, razlikovanje, mišljenje, poređenje, oblikovanje, organizovanje i organizovanost, jeste u njemu *samom* objektivnije. Otuda njegova sposobnost da imenuje, razlikuje, misli, poredi, stvara, organizuje i bude organizovan, u času *kada on manje vlada sobom i utoliko je manje sebe svestan*, biva snažnija. Usled rečenog sjedinjavanja, u njemu i za njega nejezično zadobiva jezik, u njemu i za njega opšte, nesvesno, poprima formu svesti i posebnosti, pa tako, naprotiv, ono što u njegovom svetu u očima drugih važi kao objektivnije i postoji u opštijoj formi, element manje razlikujućeg i manje razlikujući, manje misliv, manje porediv, manje sazdatljiv, manje organizovan, element koji dezorganizuje, u njemu je i za njega subjektivniji; i tako je on nerazlikovaniji i nerazlikujućiji, i što manje deluje putem misli, što manje poredi, manje oblikuje, što je aorgičniji i *dez*organičniji, onda kada više vlada sobom i kad je, i utoliko, sebe svesniji; s tim sjedinjavanjem u njemu i za njega ono što se izražava je neizrazivo ili ne sme biti izraženo, te ono što je u njemu i za njega posebno i svesnije poprima formu nesvesnog i opšteg, pa dosledno tome, dakle, te obe protivrečnosti sjedinjuju se u njemu, jer one u njemu svoju razlikujuću formu preokreću i sjedinjuju se u meri u kojoj su međusobno različite u izvornom osećanju – takav čovek može izrasti jedino iz vrhunskog suprotstavljanja prirode i umetnosti. I kao što (idealno) prekomerje unutrašnjosti proističe iz unutrašnjosti tako *ovo stvarno prekomerje* proističe iz neprijateljstva i vrhunskog razdora; a tamo gde aorgično poprima smerni lik posebnog, pa izgleda kao da se miri s hiperorganskim, i gde organsko poprima smerni lik univerzalnog, pa izgleda kao da se miri s hiperaorgičnim, hiperživim, do toga dolazi samo zato što se oboje, u njihovim najizrazitijim krajnostima, dodiruje i najdublje prožima, poprimajući obavezno tako, u svom spoljašnjem liku, formu, privid suprotnog.

Empedokle je tako, kao što rekosmo, proizvod svoga doba, a njegov karakter nas upućuje na to doba, baš kao što je i on proistekao iz njega. Njegova sudbina se utelovljuje u njemu, kao u nekom trenutačnom sjedinjenju, ali koje mora iščeznuti da bi postalo nešto više.

Po svemu sudeći, on je bio rođen za pesništvo. Izgleda, dakle, da je već u njegovoj subjektivnoj, delatnoj prirodi postojala ona neuobičajena tendencija prema opštosti koja se, u drugim okolnostima ili zahvaljujući jasnovidstvu koje ne dopušta toj tendenciji prejaki uticaj, promeće u spokojno posmatranje, u potpunost i neprestanu određenost svesti s kojom pesnik gleda na neku *celinu*. Isto tako izgleda da u njegovoj objektivnoj prirodi, u njegovoj pasivnosti, počiva onaj srećni dar koji je, čak i u odsustvu svesne namere da uređuje, misli i stvara, sklon uređivanju, mišljenju i stvaranju; to je ona gipkost čula i duše, koja sve lako i brzo, živo preuzima u svoju celovitost i koja umetničku aktivnost podstiče većma da govori nego da dela. Ova nastrojenost, međutim, ne bi trebalo ni da deluje ni da ostane u sopstvenoj sferi. Ne bi trebalo da deluje na svoj način i svojom merom na sopstvenu ograničenost i čistotu, niti da tu dispoziciju, slobodnim izrazom iste, pretvara u neku opštiju dispoziciju koja bi, istovremeno, bila određenje njegovog naroda. Sudbina njegovog vremena, silovite krajnosti u kojima je rastao ne zahtevaju pesmu gde je ono čisto, u nekoj svojoj idealnoj predstavi koja počiva između oblika sudbine i iskonskog, još lako opet shvatljivo ukoliko vremena od toga nije suviše proteklo. Sudbina njegovog doba nije zahtevala ni doslovni čin, jer ako je tačno da je čin od neposredne delotvornosti i pomoći, on je i jednostraniji, i utoliko je to više što manje *eksponira* celo ljudsko biće. Doba je iziskivalo *žrtvu*, pri kojoj celo ljudsko biće biva stvarni i vidljivi lik onoga u čemu se, izgleda, sudbina njegovog doba rastopila, pri kojoj su se krajnosti, izgleda, stvarno i vidljivo pomirile u jednom; i upravo stoga one su se odveć tesno sjedinile i zato individuum nestaje i mora nestati u nekom idealnom činu. Jer, na njemu se pokazuje prevremeno čulno jedinstvo proisteklo iz nužde i razdora, jedinstvo koje rešava problem sudbine, ali koji nikada ne može vidljivo i individualno rešiti, budući da bi se, inače, opšte izgubilo u individuumu, a život sveta utrnuo u nekoj pojedinačnosti (što je još gore od svih velikih kretanja sudbine i jedina nemogućna stvar). Naprotiv, ako bi se ta pojedinačnost, kao prevremeni rezultat sudbine, rastočila posredstvom svoje preterane unutrašnjosti, stvarnosti i očiglednosti, problem sudbine razrešio bi se na isti način, doduše materijalno, ali formalno bi, s druge strane, u meri prekomerja unutrašnjosti koje je proizišlo iz srećnog udesa, s tim što je prvobitno bilo samo idealno i tek pokušaj, postalo stvarno putem vrhunskog razdora; utoliko se i upravo zato on stvarno ukida saglasno stupnjevima, snagama i oruđima u kojima se ukinulo prvobitno prekomerje unutrašnjosti, uzrok svakog razdora, i tako da se snaga unutrašnjeg prekomerja stvarno gubi i od njega ostaje samo zrela, autentična, čista i univerzalna unutrašnjost.

Empedokle bi, dakle, morao da bude žrtva svoga vremena. *Problemi sudbine, u kojima je izrastao, morali bi se u njemu samom prividno razrešiti, a to razrešenje trebalo bi da se pokaže kao prividno i privremeno, kako je više ili manje kod svih tragičnih likova.* Svojim karakterom i onim što izražavaju, svi oni predstavljaju, više ili manje, pokušaje razrešenja problemâ koje je sudbina postavila, i svi se ukidaju utoliko i u stepenu u kome nisu univerzalno važeći, barem se, ako ništa drugo, sami otkrivaju, u svojoj ulozi, svome karakteru i njihovim manifestacijama, kao nešto prolazno, trenutačno. Tako, pak, onaj koji, naoko, najpotpunije rešava problem što ga sudbina postavlja, u isti mah se predstavlja, gotovo čitavom svojom prolaznošću i u napredovanju svojih pokušaja, u najnenadanijem vidu, kao žrtva.

Kako se, sad, taj slučaj odigrava kod Empedokla?

Što su sudbina i protivrečnost umetnosti i prirode moćnije utoliko su one većma pozvane da se sve više individualizuju, da se dovinu do čvrste tačke, do nekog oslonca. Takvo doba zahvata sve individue, iziskujući od njih neko rešenje, sve do momenta kada ono nalazi nekog u kome će se njegova nepoznata potreba i njegova skrovita tendencija očigledno predstaviti i ispuniti, i počev od toga časa nađeno rešenje mora, tada i samo tada, da pređe u univerzalno.

Tako se njegovo vreme individualizuje u Empedoklu. I što se ono više u njemu individualizuje, zagonetka izgleda sjajnije, stvarnije i očevidnije rešena u njemu, da bi tako neminovnija bila i njegova propast.

1) Živi, sveiskusni umetnički duh njegovog naroda morao je već u njemu da se aorgičnije, odvažnije, neograničenije, inventivnije ponovi, baš kao što je, uostalom, i vrela klima i prirodno obilje Sicilije moralo da se na rečitiji, čulniji način izrazi u njemu i za njega. I kada je on, jednom, bio zahvaćen sa obe strane, prva je, delatna snaga njegovog bića, morala – protivdejstvovanjem – da snaži drugu, baš kao što je njegov umetnički duh morao da se hrani iz čulnog dela njegove duše i da dalje njome bude nošen. – 2) Među njegovim hiperpolitizovanim, spletkaroškim i račundžijskim Agrigenćanima, u tom gradu čije su društvene forme bile stalno na putu razvoja i obnove, morao je duh poput njegovog, u neprestanom stremljenju ka otkrivanju neke neokrnjene celine, postati reformatorski duh. Isto tako, anarhična nesputanost, kad svako sledi samo svoju ličnu originalnost, ne brinući o osobenosti drugih, morala je, uz njegovu bogatu, samodovoljnu prirodu i vitalnost, da ga učini, više nego drugog, manje druželjubivim, usamljenijim, oholijim i posebnijim. I obe strane takvog njegovog karaktera morale su da se uzajamno ističu i podstiču. – 3) Slobodoumna smelost, koja se utoliko više suprotstavlja nepoznatom, onome što leži izvan ljudske svesti i akcije, što su se u njihovom početku dublje osećali sjedinjeni s tim nepoznatim, i što ih je prirodni instinkt podstrekavao da se zaštite od suviše moćnog i dubokog, suviše zavodljivog uticaja elementa s kojim rizikuju da sebe izgube iz vida i potpuno se otuđe od svoje ličnosti, to smelo slobodumlje, to negativno rezonovanje, nemišljenje nepoznatog, tako prirodno kod neobuzdanog naroda, moralo je ići korak dalje kod Empedokla koji, ni u kom slučaju, nije bio stvoren za negaciju. On je morao hteti da zagospodari svojim nepoznatim i pokušati da ga osigura; njegov duh je morao da se

pobuni protiv poslušništva, te je morao pokušati da obuhvati razornu prirodu, da je potpuno razume, da je bude svestan u meri u kojoj je mogao biti svestan sebe i siguran u sebe. I morao je da se s njom bori da bi se s njom identifikovao, pa je njegov duh, dakle, morao poprimiti, u najvišem smislu, aorgički oblik, odvojiti se od sebe i svoga središta, prodreti u svoj predmet preko svih međa, tako da se u njemu izgubio kao u bezdanu. Otuda je ceo život predmeta morao da se u potpunosti, zauzvrat, dočepa te napuštene duše, učinjene bezgraničnom delatnošću duha beskrajno prijemčivijom; predmet se onda individualizuje u njemu, predajući mu svoju posebnost, i on mu se prilagođava utoliko dublje što je njegova duhovna delatnost većma predana predmetu. Tako se predmet pojavljuje u njemu u subjektivnom obliku, dok je on, pak, prihvatio objektivni oblik predmeta. On je bio univerzalno načelo, a nepoznato, predmet, bilo je posebno. I tako je spor između umetnosti, mišljenja, uređivanja, čovekovog karaktera da oblikuje, i nesvesne prirode izgledao rešen, i u svojim najizrazitijim krajnostima, sve do razmene njihovih protivstavljenih, distinktivnih formi, pomireni u jednom. Iz okrilja toga čuda se Empedokle pojavio u svome svetu. Priroda – čiju su draž i moć njegovi slobodoumni savremenici potčinjeno trpeli utoliko više što su većma gledali da je nezahvalno zanemare – pojavljivala se sa svim svojim melodijama u duhu i na ustima toga čoveka, na tako dubok, tako topao i ličan način da su njihova srca izgledala kao jedno, njegovo, a duh samog elementa kao da se nastanio u ljudskom obličju među smrtnicima. Otuda potiče njegova ljupkost, bojažljiva crta u njegovom karakteru, njegova božanstvenost, a sva srca, koja je pokrenuo vihor sudbine, i svi duhovi koji dezorijentisano lutaše u noći vremena pohrliše njemu; i što ih je on ljudskije i bliže svojim bićem prihvatao, što je većma svojom dušom njihovu pretvarao u svoju stvar, više su ga obogotvoravali; jer, ta duša, jednom utelovljena u njegovom božanskom obličju, vraćana im je saglasnije njihovoj suštini. Taj osnovni ton njegovog karaktera pokazivao se u svim njegovim odnosima. I svi su prihvatali taj ton. Tako je on živeo u svojoj savršenoj nezavisnosti u uslovima koji su mu, čak i u odsustvu onih objektivnijih, uslova istorije, propisivali njegov životni tok. Pa i spoljašnje okolnosti koje su ga navodile na isti put, koliko god bile suštinske i neophodne da bi prizivale pojavu i delovanje onoga što je, možda, ostalo u njemu samo u stanju misli, tekle su, ipak, uprkos svim sukobima koje je on zatim, izgleda, začinjao s njima, uporedo s najslobodnijim raspoloženjima njegove duše. I to nikakvo čudo nije, budući da su ta raspoloženja odgovarala najdubljem duhu okolnosti i budući da su svi ekstremi tih okolnosti poticali iz tog duha i u njega se vraćali. U njegovom najnezavisnijem odnosu razrešava se sudbina njegovog vremena od prvog do poslednjeg problema. Kao što, polazeći odatle, to prividno rešenje iznova počinje, time se ono i okončava.

On živi u tom nezavisnom odnosu, u toj krajnjoj bliskosti sa elementima, koja daje osnovni ton njegovom karakteru, dok svet oko njega živi, naprotiv, s jedne strane, u najžešćem protivstavljanju, u onom slobodoumnom nemišljenju, neprihvatanju živog, a s druge – u najdubljoj poslušnosti prema uticajima prirode. U tim uslovima njegov život je život 1) uopšte osećajnog bića, 2) filozofa i pesnika, 3) samotnika koji neguje svoj vrt. No, to ne bi bilo još dovoljno da on bude dramski lik. On mora i da razreši sudbinu, ne naprosto u opštim uslovima i svojim nezavisnim karakterom, nego i u posebnim uslovima, i u najposebnijim zadacima i prilikama. Ali, on je u podjednako tesnoj vezi i sa svojim narodom u kakvoj je sa životom elemenata. Otporan na taj novatorski, negatorski i nasilni duh, koji se na prkosni, anarhični život, koji neće da trpi nikakav uticaj, nikakvu umetnost, ustremljivao samo putem kontrasta, on je morao da učini korak dalje. Morao je, da bi uredio ono živo, težiti da svojim biće dosegne najveće dubine; morao je pokušati da se njegov duh dočepa ljudskog elementa, sklonosti, instinkata, njihove duše, sa svim onim što je ona imala od neshvatljivog, nesvesnog, nehotimičnog. Eto zašto će se njegova volja, njegova svest, njegov duh, upravo u meri u kojoj on premaša običnu, ljudsku granicu znanja i delanja, sami izgubiti i postati objektivni; a ono što je hteo dati, morao je naći. Objektivni element, naprotiv, odavao je zvuk utoliko čistiji i dublji što je njegova duša bila otvorenija za činjenicu da joj se delatni čovek duhom predao kako u posebnom tako u opštem smislu.

Tako, kao verski reformator i kao političar, i u svim svojim delima koja je izvršavao zbog njih, za njih, on se prema njima odnosio s tom ponosnom, ponesenom predanošću; po pričinu, ta je zamena objekta subjektom, putem svoga jedinog izraza, sazdavala predanost cele sudbine. No, u čemu se taj izraz može sastojati? Kakav je izraz koji bi u takvom odnosu zadovoljio deo koji je najpre nepoverljiv? A na tom izrazu, u stvari, počiva sve; jer, ako objedinjavajući element mora propasti, onda je to zato što se on očitovao suviše vidljivo, suviše čulno, a do toga može doći samo time što se on izražava u sasvim određenom slučaju i određenoj tački. Na njima je da uoče vezu koja ih spreže s tim čovekom. Kako da to postignu? Tako što će im se on do krajnosti podvrgnuti. Ali, u čemu? U tački u kojoj oni najviše sumnjaju u pomirenje ekstremâ u kojima žive. No, ako su te krajnosti – krajnosti sukoba umetnosti i prirode, on će morati da pred njihovim očima izvrši to ponovno pomirenje prirode i umetnosti upravo u ravni na kojoj je priroda najnepristupačnija umetnosti. – Odatle se odmotava priča. On se u to upušta s ljubavlju, ali i nesvojevoljno[8], i izlaže se svojim probama. Tada oni veruju da je sve izvršeno. U tome ih on spoznaje. On je živeo u obmani da je s njima jedno, a sada je ta iluzija raspršena. On se povlači, a oni se hlade prema njemu. To koristi njegov protivnik[9] koji, tako, uspeva da izbori njegovo progonstvo. Njegov se protivnik, podjednako eminentan i bogat u prirodnim podobnostima kao Empedokle, upinje da reši probleme vremena na drukčiji, negativniji način. Rođeni junak, on ne naginje toliko pomirenju krajnosti koliko njihovom sputavanju, vezivanju njihovog međusobnog delovanja u nešto trajno i postojano koje, smešteno između njih, održava svaku u njenim granicama i svaku prisvaja. Njegova je vrlina razum, a neminovnost – njegova boginja. On je sama sudbina, s tom razlikom što su sukobljene snage ukotvljene u njemu za svest, za deobnu liniju koja ih jasno i sigurno suočava, koja ih pričvršćuje za izvesnu (negativnu) idealnost i daje im smer. Kao što se kod Empedokla umetnost i priroda sjedinjuju u ekstremnoj tački njihovog sukoba, a delatno načelo se objektivizuje u prekomerju, dok izgubljena subjektivnost biva zamenjena dubokim dejstvom objekta, tako se umetnost i priroda, u slučaju njegovog protivnika, sjedinjuju time što se (u datoj klimi, u takvoj zbrci strasti i izmeni originalnosti, u takvom, dominantnom strahu od nepoznatog) u odvažno otvorenoj duši prekomerje objektivnosti, spoljašnjeg opstojanja, realnosti, zamenjuje delatnim i oblikujućim elementom, dok subjektivni element, naprotiv, zadobiva pre pasivni oblik trpeljivosti, istrajnosti, čvrstine, sigurnosti. I kada jednom krajnosti, bilo sposobnošću da istrajavaju takve kakve jesu, ili zbog niza spoljašnjih okolnosti, poprime oblik spokojnosti i organskog, tada delatna subjektivnost mora postati faktor organizovanja, mora postati element, pa tako tu subjektivno i objektivno razmenjuju svoja obličja, i bivaju Jedno u jednom.

NAPOMENE UZ *EDIPA*

Dobro bi bilo, u cilju da pesnicima, i kod nas, osiguramo egzistenciju u državi, ako bi se poezija uzdigla, i kod nas, vodeći računa o razlici u dobima i ustavima, na visinu μηχανη[10] starih.

Pa i drugim umetničkom delima, upoređenim s grčkim, nedostaje pouzdanost; u najmanju ruku, ona su do sada prosuđivana više po utiscima koje izazivaju negoli po proračunu njihovih zakonitosti i ostalim postupcima zahvaljujući kojima se stvara lepo. No, nedostatak moderne poezije, prvenstveno s obzirom na školu i zanat, u tome je, naime, da bi njen postupak morao biti izračunat i podučavan, a jednom naučen – mogao biti svakad, uza svu pouzdanost, ponavljan u praksi. Povodom bilo koje stvari, valja, bar među ljudima, na nju gledati prvenstveno tako da ona jeste nešto, to jest da je ona nešto saznatljivo posredstvom (*moyen*[11]) njene pojave, da način kojim je ona uslovljena može biti određen i, otuda, podučavan. Zato, pa i iz viših razloga, poeziji su naročito potrebna sigurnija i karakterističnija načela i ograničenja.

U to spada, najpre i upravo, spomenuto izračunavanje zakonitosti dela.

Zatim treba sagledati kako se od toga sadržaj razlikuje, putem kojeg postupka, i kako se, u beskrajnom ali postupno određenom saglasju, poseban sadržaj odnosi prema opštem računu, i kako se tok i ono što je ukotvljeno u mestu, živi smisao, koji ne može biti izračunat, dovode u vezu s kalkulabilnom zakonitošću.

Zakonitost, izračunavanje, način, pod kojima se razvija izvesni sistem receptivnosti, ceo čovek, u meri u kojoj je pod uticajem elementa, i pod kojima i predstava, i osećaj, i rezonovanje, nastaju jedno iz drugog u različitim sukcesiv-

nim nizovima, ali uvek sledeći neko sigurno pravilo – sve to je, u tragičkom, pre ravnoteža[12] nego čista postupnost.
Naime, tragički *transport*[13] je zapravo prazan, i lišen svake spone.
Time, ritmička postupnost predstavâ, u kojoj se očituje *transport, ono što se merilom slogova naziva cezura,* čista reč, odlaganje, antiritmički rez, biva nužna da bi se, naime, raskidajuća[14] izmena predstavâ susrela na svome vrhuncu vrhunaca tako da se, onda, to više ne pojavljuje kao izmena predstavâ nego kao predstava sama.
Time, postupni je niz računanja, to će reći ritam, podeljen, i u obe svoje polovine odnosi se prema sebi tako da se oba dela uravnoteženo pojavljuju.
Sada, ako je ritam predstavâ tako ustrojen da su, u ekscentričnoj brzini, *prve* ponetije *sledećim,* onda se cezura, ili antiritmički rez, mora naći *više napred,* pa je tako prva polovina takoreći zaklonjena drugom, a upravo zato što je druga polovina izvorno brža, i izgleda da teže pritiska, ravnoteža će, usled delovanja cezure u suprotnom smeru, većma naginjati, polazeći od kraja, prema početku.
Ako je ritam predstavâ tako ustrojen da su *potonje* predstave podstrekavanije *početnim,* onda će cezura ležati više prema kraju, jer kraj mora biti, takoreći, zaštićen od početka; a ravnoteža će, dosledno tome, naginjati više prema kraju, pošto se prvi deo duže prostire i ravnoteža se, otuda, kasnije postiže. Eto toliko o kalkulabilnoj zakonitosti.
Prva, sada, od ovde nagoveštenih tragičkih zakonitosti, o kojoj ćemo govoriti – biće Edipova.
Antigone ćemo se dotaći kao druge.
U oba komada cezuru sazdaju Tiresijine reči.
On zakoračuje u tok sudbine, kao onaj koji baca pogled iznad moći prirode koja čoveka otkida od njegove životne sfere, od središta njegovog unutrašnjeg života, da bi ga ponela u neki drugi svet, u ekscentričnu sferu mrtvih.

2

Razložnost celine počiva posebno na tome da se ima u vidu scena u kojoj Edip *odveć beskrajno tumači* izreku proročišta, iskušavan *do nefasa.*
Naime, izreka proročišta glasi:

> *zapovedio nam je Feb jasno, kralju,*
> *Treba iz zemlje sram, na ovom tlu othranjen,*
> *Isterati, ne hraniti ga da bude neizlečiv.*

To bi moglo značiti: sudite, svi bez izuzetka, strogo i čisto, održavajte dobar građanski poredak. No, Edip na to odmah gleda sveštenički:

> *A kakvim čistilom, etc.*

I seže u *potankosti,*

> *Pa kom čoveku naznačuje tu sudbinu?*

I *tako misli* Kreontove on vodi do sledeće bojažljive reči:

> *O, kralju, Laj beše gospodar*
> *Na ovoj zemlji, pre nego ti gradom zavlada.*

Tako se nađoše u istom klupku spletene izreka proročišta i povest o Laju, premda ova nije nužno tu spadala. No, istom, u sceni koja tome sledi, gnevno predosećajući, sve znajući, duh Edipov izričito izgovara *nefas*; time on opštu zapovest podozrivo tumači kao da se odnosi na nešto posebno, i primenjuje je na ubicu Lajevog, a onda i greh za to uzima kao beskrajan.

> *Ko od vas onog što sinu Labdakovom,*
> *Laju, dođe glave – poznaje*
> *Tome kažem da sve meni otkrije etc.*
> *Za toga čoveka*
> *Ko god on bio, zabranjujem da na zemlji ovoj,*
> *Čijom vlašću i prestolom ja upravljam,*
> *Iko ga poziva i da mu se obraća;*
> *da s njim bogove svetkuje ili im žrtve*
> *prinosi.*
> *O tome mi reče*
> *proročište božje, pitijsko, jasno, etc.*

Otuda, u daljnjem razgovoru s Tiresijom, čudesna i gnevna radoznalost Edipova, jer znanje, kad je jednom prolomilo svoju među, kao pijano u svojoj divnoj harmoničnoj formi, koja se ipak može očuvati, najpre samo sebe draži da još više sazna nego što može podneti ili dokučiti.

Otuda, u sceni s Kreontom, zatim, podozrenje, jer su neobuzdane, žalosnim tajnama obremenjene misli – nesigurne, a verni i pouzdani duh pati u gnevnom bezmerju koje, s radošću u razaranju, samo sledi komadajuće vreme. Otuda, posred komada, u razgovoru s Jokastom, žalosni spokoj, tupost, samilosti dostojna, naivna zabluda snažnog čoveka kada Jokasti priča o navodnom mestu svoga rođenja, i govori o Polibu za koga se boji da ga ne ubije, jer je on njegov otac, i o Meropi, od koje hoće da pobegne da je ne bi, pošto je ona njegova majka, oženio, sve po Tiresijinim rečima; a ovaj mu je, međutim, govorio da on jeste Lajev ubica i da je Laj njegov otac. Tiresija veli, naime, u već dotaknutom sukobu između Edipa i njega:

> *Čovek koga odavno*
> *Ti tražiš, preteći, i oglašujući* ubistvo
> Lajevo, *on je ovde; kao došljak, kako vele,*
> *Boravi on s nama, a ipak će kao ovde rođen*
> *Osvanuti, kao Tebanac, al' se neće*
> *Toj kobi veseliti.*
>
> *Ali svanuće mu, boraveći s decom svojom,*
> *Kao brat im i kao otac, a ženi koja ga rodi,*
> *Sin i suprug,* u istoj postelji sa
> Ocem i njegovim ubicom.

Otuda, na početku druge polovine, u sceni s korintskim glasnikom, pošto iznova nastoji da živi, beznadno hvatanje ukoštac da se povrati sebi, ponižavajući i gotovo bestidni napor da ovlada sobom, sumanuto i grozničavo traganje za svešću.

JOKASTA:

Jer Edipu se srce silno grči
Od svakojakih muka; ko čovek
Smotren ne tumači više novo po starom.

EDIP:

O, Jokasta, najmilija moja glavo!
Zašto me zazva iz dvorâ ovamo?

O tragedijama i tragičkom **83**

EDIP:
Od bolesti, zacelo, starina preminu.

GLASNIK:
Pa ipak, vreme mu odmeri dugi vek.

Valja zapaziti kako se duh Edipov ovde na dobru vest razvedrava; tako, reči koje slede mogu izgledati kao da su iz plemenitih pobuda. Ne podmećući sada više heraklovska pleća da bi, obuzet velikom slabošću, zagospodario sobom, on ovde daleko odbacuje svoje kraljevske brige:

Dela sad! Ko bi, o, ženo, pa još i jednom,
Propitivo proročko ognjište, ili
Ptice što odozgo krešte! Po njinom znaku
Trebalo je da ja ubijem svoga oca koji,
Mrtav, sniva pod zemljom; a ovde sam
Ja i čisto je moje koplje, ako on inače
Ne preminu u snu zbog mene; samo tako on
Možda strada od moje ruke; i tako on u isti mah
sa sobom ponese današnja sva proroštva,
Ubuduće nevažeća, i počiva sad u Hadu, Polib.

Najposle, u rečima osobito vlada mahnito traženje svesti.

GLASNIK:
   Zacelo se vidi, dete, da ne znaš što činiš.

EDIP:
   Kako? Bogova ti, starče, reci nešto!

EDIP:
   Šta reče? Nisam iz Polibovog semena!

GLASNIK:
   Baš tako koliko i iz moga.

EDIP:
   Kako to? Zar mi je otac koliko i svako drugi?

GLASNIK:
Osim oca. A to ti Polib nije; ni ja.

EDIP:
Ali, zašto me onda zva sinom?

POSLANIK:
Ja te odvezah, jer ti nožni prsti behu prošiveni.

EDIP:
Strašno sam nagrđen još u povojima.

GLASNIK:
Po tome si tako i prozvan.

EDIP:
Bogovi! Od majke? Oca? Govori.

JOKASTA:
Od bogova, ne! Brineš li se za život svoj,
Onda ne traži. Dovoljno sam bolna ja.

EDIP:
Budi hrabra! Ma i od tri majke ispalo
Da sam trostruki rob, neće ti biti gore.

EDIP:
Nek provali što mora. Svoj rod hoću,
Makar bio prost, hoću da upoznam.
S pravom se ona, jer su žene ponosne,
Možda stidi moga niskog porekla.
Al' se ja, držeći se za sina sreće
Što blagodat izliva, neću postideti.
Ta to mi je mati. A okružili su me
Mali i veliki, istorodni Meseci.
I tako rođen, neću da oklevam tako
A da sasvim ne ispitam šta sam ja.

I upravo mu taj element svetraženja i svetumačenja potčinjava, na koncu, duh sirovom i jednostavnom jeziku onih koji mu služe.

Jer, i jezik takvih ljudi, uspravnih usred žestokih sprega, govori, bezmalo na način Furijâ, u nekoj žešćoj zglašenosti.

3

Predstavljanje tragičkog počiva naročito na tome da nepodnošljivo – kao što se bog i čovek sprežu i kao što, u bezgraniču, moć prirode i ono najdublje u čoveku bivaju, u srdžbi, jedno – poima sebe time što se bezgranično postajanje-jednim pročišćava bezgraničnim razdvajanjem[15]. Τῆς φυσεως γραμματευς ην τον καλαμον αποβρεχων ευνουν.[16]

Otuda, dijalog sav u sukobima, otuda i hor kao kontrast dijalogu. Otuda, između različitih delova, u dijalogu, i između hora i dijaloga, i velikih delova ili dramata koji se sastoje iz hora i dijaloga, postoji odveć čedno, odveć mehaničko prožimanje koje se faktički okončava sa silovitošću. Sve je tu govor protiv govora, koji se uzajamno ukidaju.

Tako, u horovima za Edipa, tužbalica, miran i religiozni ton, pobožna obmana (*ako sam jasnovidac*, etc.) i samilost do potpune iscrpljenosti prema nekom dijalogu koji bi da slomi dušu upravo tih horista u njenoj razgnevljenoj osećajnosti; u nastupima, užasno svečane forme, drama, poput sudskih procesa za jeres, i sve to kao jezik za neki svet gde, između kuge i pometenosti čula[17], i posve raspaljenog proročkog duha, u dokonom vremenu, bog i čovek, pri čemu nema prekida u svetskom toku, a *sećanje nebesnika ne izmiče, već sebe saopštava u svezaboravnoj formi nevernosti*, jer ono najbolje što vredi očuvati jeste božanska nevernost.

U tome momentu, čovek zaboravlja sebe i boga, i obrće se, svakako na način svetog, kao izdajnik. – Na poslednjoj granici patnje ne ostaje zapravo ništa više osim uslova vremena i prostora.

Na toj granici, čovek zaboravlja sebe, jer je sav u navedenom momentu; zaboravlja boga, jer ovaj nije ništa nego vreme; i oboje je neverno: vreme, jer u tom momentu se kategorički preokreće, pa se u njemu ni početak ni kraj više ne mogu rimovati; čovek, jer u tom momentu mora da sledi kategorički preokret, pa tako, potom, ne može više ni u čemu da se izjednači s početnom situacijom.

Tako se pomalja Hemon u *Antigoni*. Takav je Edip sam, usred tragedije o Edipu.

NAPOMENE UZ *ANTIGONU*

Pravilo, kalkulabilna zakonitost *Antigone* odnosi se prema onoj *Edipa* kao što se __/__ odnosi prema ____, tako da ravnoteža pre naginje od početka prema kraju nego od kraja prema početku.

Ona[18] je jedna od različitih sukcesija u kojima se predstavljanje i osećaj i rezonovanje razvija po poetskoj logici. Kao što, u stvari, filozofija raspravlja uvek samo o jednoj moći duše, tako prikazivanje te jedine moći sazdaje celinu, a prosto usaglašavanje *članova* te jedine moći naziva se logika; kao što poezija pretresa različite moći čovekove, tako prikazivanje tih različitih moći stvara celinu, a usaglašavanje *samostalnijih delova* različitih moći biva nazvano, u višem smislu, ritam, ili kalkulabilna zakonitost.

No, ako je ovaj ritam predstavâ tako ustrojen da su, u brzini nadahnuća, *prve* ponetije *sledećim*, onda se cezura *a)* mora naći, ili *antiritmički rez*, *više napred*, pa je tako prva polovina takoreći zaklonjena drugom, a ravnoteža će, upravo zato što je druga polovina izvorno brža i izgleda da teže pritiska, usled delovanja cezure u suprotnom smeru, većma naginjati od kraja *b)* prema početku *c)*: $c_a \setminus b$.

Ako je, pak, ritam predstavâ da su *potonje* podstrekavanije *početnim*, onda će cezura *a)* ležati više prema kraju, jer kraj mora biti, takoreći, zaštićen od početka, a ravnoteža će, dosledno tome, naginjati više prema kraju *b)*, pošto se prvi deo *c)* duže prostire, i ravnoteža se, pak, kasnije postiže: $c \mathbin{/\!\!\!^\mu} b$.

2

Zar se drznu takav zakon da pogaziš?

Eto, Zevs moj me nije tome podučio,
Pa ni ovde, u kući, pravo bogova smrti, etc.

Najsmeliji momenat u toku nekoga dana ili umetničkog dela jeste kada se duh vremena i prirode, ono nebesno, što čoveka zahvata, i predmet za koji je zainteresovan, najdivljije suočavaju, budući da čulni predmet seže samo do pola puta, *dok duh se budi do najveće svoje moći tamo gde se druga polovina začinje*. U tom se momentu čovek mora *najčvršće držati*, i tu se on upravo uspravlja u najotvorenijem elementu svoga karaktera.[19]

Tragička mlakost vremena bez sjaja – čiji objekt, pak, srcu ni najmanje nije zanimljiv – najbezmernije sledi rastačući duh vremena, a ovaj se onda pojavljuje, divalj, ne štedeći ljude, kako to čini duh po danu, nego je bespoštedan, poput duha večno žive, nepisane divljine i sveta mrtvih.

KREONT:
  Al' ne da čestit jednak bude rđavu.

ANTIGONA:
  Ko zna nije l' tamo dole možda neki drugi običaj.

Dostojanstvo ljubavi, dovitljivost u nesreći. Sanjarska bezazlenost. Pravi jezik Sofoklov, dok u takvoj prilici Eshil i Euripid bolje umeju da objektiviraju patnju i srdžbu, ali manje razum čovekov kada skita ispod nemislivog.

KREONT:
  Ostajući veran svome praiskonu, grešim li?

HEMON:
  Veran nisi ne smatraš li svetim ime božje.

umesto: *gaziš li čast bogova*. Bilo je potrebno promeniti ovde sveti iskaz, budući da je, u samome središtu, bremenit značenjem u svojoj ozbiljnosti i kao samodovoljna reč, u dodiru s kojom se sve ostalo objektivizuje i preinačuje.

Svakako, način na koji se, u samome središtu, vreme preokreće – nije nikako izmenjiv, kao što to nije ni način kojim neki karakter kategorički sledi kategoričko vreme, kao ni, isto tako, način kojim se od grčkog prelazi na hesperidski[20]; drukčiji je, naprotiv, način svetih imena pod kojima se višnje oseća i odigrava. Replika se odnosi na Kreontovo zaklinjanje.

Nećeš još dugo otac biti
Odsada, pod suncem zavidnim.

Na zemlji, među ljudima, sunce može, baš kao što fizički biva središte odnosa, i stvarno postati središte odnosa u moralnom pogledu.

Čula sam da je pustinji nalik postala, etc.[21]

Nesumnjivo najviša crta Antigonina. Uzvišena poruga, kada je sveto ludilo najviša ljudska manifestacija, a ovde je više duša nego jezik, premaša sve što je ona dovde mogla izraziti; i ovde je takođe potrebno govoriti o lepoti u superlativu, jer čovekovo držanje, između ostalog, počiva i na superlativu ljudskog duha u herojske virtuoznosti.

Velika je podrška duši u njenome skrovitom radu da se ona, u trenutku najvišeg stepena svesti, izmiče svesti, i da prisutnog boga, pre negoli ga se doista dohvati, presreće odvažnim i često blasfemnim rečima, održavajući tako živom svetu mogućnost duha.[22]

Svest na svome vrhuncu uvek se, tada, poredi s predmetima koji svesti nemaju, ali koji, u svojoj sudbini, poprimaju formu svesti. Jedan od takvih predmeta jeste opustela zemlja koja je u svojoj prvobitnoj bujnoj plodnosti suviše umnožila učinke sunčeve svetlosti, i tako izgorela. Sudbina Niobe iz Frigije; kao i svuda, sudbina nevine prirode koja posvuda, u svojoj virtuoznosti, prelazi u odveć organsko upravo u stepenu u kojem čovek sebi primiče aorgičko, u herojskijim okolnostima, u damarima srca. I Nioba je, tada, istinski simbol preuranjenog genija.

*Ocu vremena ona odbrojava
Satne otkucaje, zlatne.*[23]

umesto: *za Zevsa je nadzirala zlatostrujno postajanje*. Tako se većma približavamo našem načinu predstavljanja. Na određeniji ili neodređeniji način Zevs je taj koji mora biti rečen. *U svoj ozbiljnosti*, radije: Otac vremena, ili: Otac zemlje, jer je u njegovoj prirodi, nasuprot večnoj težnji, preokrenuti *žudnju da se ovaj svet napusti radi drugog u žudnju da se drugi svet napusti radi ovog*.[24] Mitove moramo, naime, svuda prikazivati na što *verodostojniji način*. Zlatostrujno postajanje označava, svakako, svetlosne zrake, koji pripadaju i Zevsu u meri u kojoj je vreme, tako označeno, proračunljivo putem takvih zraka. Ali, to vreme je uvek to, ako se odbrojava u patnji, pošto onda srce mnogo bolje saučestvuje s hodom vremena kojeg sledi, i tako shvata jednostavni tok časova, a da razum ne zaključuje od sadašnjosti na budućnost.

Ali, kako je ovo najukorenjenije ostajanje pred hodom vremena, taj herojski život pustinjaka[25], doista najviša svest, ono motiviše time sledeći hor, u njegovoj najčistijoj univerzalnosti, kao najistinskije gledište, počev od kojega celina mora biti obuhvaćena. Taj hor sadrži, naime, kao kontrast preterano tesnoj vezi s prethodno istaknutim mestom, vrhunsku nepristrasnost dva protivstavljena karakterna načela, počev od kojih delaju različiti likovi drame. S jedne strane, ono čime se odlikuje *Antitheos*, kada se neko, u smislu boga, ophodi kao *protiv* boga, i mimo pravila spoznaje duh višnjeg. S druge strane, pobožni strah pred sudbinom, i tako štovanje boga, kao ozakonjeno. Takav je duh oba protivstavljanja koja se nepristrasno sučeljavaju u horu. Sama Antigona dela više u prvome smislu. U drugome, Kreont. Oboje, u meri u kojoj su suprotstavljeni, ne u smislu nacionalnog i antinacionalnog, čija je opozicija stečena kulturom, poput Ajanta i Uliksa[26], ni kao Edip prema svojim grčkim zemljacima, i antička izvorna priroda, kao nesputani duh, prema odanoj jednostavnosti, nego uravnotežavajući se međusobno odmah, i razlikujući se tek prema vremenu, tako da jedno osobito gubi *na tome što prednjači*, a drugo *dobija zato što kasni*. U tom pogledu, taj neobični hor, o kome je ovde upravo reč, najprikladnije odgovara celini, a njegova hladna nepristrasnost je toplota upravo zato što ništa više ne može doslovno zauzeti njeno mesto.

3

Prikazivanje tragičkog počiva, kako je to već ukazano u napomenama uz *Edipa*, na tome da neposredni bog, u potpunosti Jedno sa čovekom (jer, Bog nekog apostola je posredniji, najviši je razum u okrilju najvišeg duha), da *beskrajna* oduhovljenost, deleći se kao svetinja, sebe shvata *beskrajno*, to jest u opozicijama, u svesti koja ukida svest, a da bog je prisutan u liku smrti.

Otuda, kako je već dotaknuto u napomenama uz *Edipa*, dijaloška forma, i hor njoj protivstavljen; otuda, opasna forma, u prizorima koji se, na grčkiji način, neizbežno surovo okončavaju, tako da *reč posrednije nosi smrt*, zahvatajući čulnija tela; po načinu predstavljanja u našem dobu, neposrednije, zahvatajući duhovnija tela. *Tragička reč Grka je sirovo smrtonosna*, jer telo, kojega ona zahvata, doista usmrćuje. Za nas, pošto živimo pod Zevsovim znakom koji je doslovnije on sâm, taj Zevs koji ne samo da *razgraničava* ovu zemlju i divlji svet mrtvih, nego još *odlučnije ka zemlji vuče* večni prirodni tok, neprijateljski prema ljudima, na njegovom putu prema drugom svetu, a budući da to znatno preinačuje suštinske i otadžbinske predstave, pri čemu naše pesništvo mora biti poreklom iz zemlje naših predaka, tako da je njena građa izabrana po našem viđenju sveta, i njene predstave otadžbinske, grčke predstave se od njih razlikuju po tome što je njihova glavna težnja moći sebe dokučiti, jer u tome je njihova slabost, dok, naprotiv, glavna težnja u načinima predstavljanja u našem dobu jeste moći nešto sresti, umeti s tim rukovati, imati sudbinu, jer je nevičnost, bezsudbinsko, ono δυσνοροu, naša slabost. Stoga Grk ima više vičnosti i atletske vrline[27], i mora to imati, koliko god nam paradoksno mogli izgledati junaci *Ilijade*, kao ono što čini njegovo *preimućstvo* i vrlinu da je doista dobar za nešto. Kod nas je to većma podređeno umenju življenja. I tako, grčki načini predstavljanja i njihove poetske forme su podređenije našim.

I tako, svakako valja *razmotriti ono što je sirovo smrtonosno, istinsko ubistvo pomoću reči, i to prvenstveno kao osobeno grčku umetničku formu, i podređenu nekoj našoj umetničkoj formi*. Takva, otadžbinska forma bila bi, lako je to pokazati, forma u kojoj je reč stvarnije ubilačka nego što je sirovo smrtonosna; ne okončavajući se doslovno ubistvom ili smrću, jer ovde, ipak, mora biti shvaćeno ono što je tragičko, nego pre po ukusu Edipa na Kolonu, tako da je *reč* iz nadahnutih usta užasna, i ubija, ne više u grčkom smislu, u duhu atletskom i plastičkom, kada reč zahvata fizička tela da bi ova ubijala.

Tako, bilo da je više grčko ili hesperidsko, prikazivanje tragičkog počiva na dijalogu i horalima – ponekad silovitijim, ponekad neizdržljivijim, ponekad sa strogošću, ponekad s više slobode u dijalozima – koji daju beskrajnom sukobu smer ili snagu: u pitanju su *organi patnje*, organi fizičkih bića uhvaćenih u koštac s božanskim, organi koji nikako ne mogu nedostajati, budući da, čak i u tragički beskrajnom liku, bog ne može ništa apsolutno neposredno saopštavati fizičkim bićima, već mora biti shvaćen razumom ili usvojen na živi način. No, prikazivanje tragičkog se pretežno sastoji od faktičkih reči, sirovog govora, koji – više u zglašenosti, kontekstu, nego što je izrečen – sudbonosno seže od početka do kraja, u načinu nadolaska, grupisanju likova jednih prema drugima i u umnoj formi koja se obrazuje tokom bojažljive dokolice u nekom tragičkom vremenu; i kao što se ono predstavlja u opozicijama, u njegovom divljem nastajanju, potom, u vremenu u kome ljudsko preovlađuje, ono važi kao čvrsto, iz božanske sudbine rođeno mnjenje.

Način nadolaska u *Antigoni* je način kakav zatičemo u nekoj uzburkanosti gde je, utoliko je u pitanju zavičajno grčka stvar, važno da svak se, taknut i potresen beskrajnim obrtom, oseća u nekoj beskrajnoj formi, onoj u kojoj je upravo potresen. Jer, zavičajni obrt jeste obrt svih načina predstavljanja i formi. Ali, potpuni obrt. U tim stvarima, tako je, uostalom, da svaki potpuni obrt, bez ikakve zadrške, nije dopušten čoveku kao saznajnom biću. A u zavičajnom obrtu se sve stvari menjaju u njihov oblik, i priroda i nužnost, koje uvek ostaju, naginju prema nekom drugom obliku, i prelaze u divlji haos ili u neki novi oblik. U takvoj promeni, sve ono što je naprosto nužno jeste parcijalno za promenu; stoga, u mogućnosti takve promene, čak i neutralan (ne samo onaj koji je shvaćen *protiv* zavičajne forme) može biti prinuđen, nekim duhovnim nasiljem u razdoblju, da bude, patriotski prisutan, u nekoj beskrajnoj formi, kao što su religija, politika i moral njegove otadžbine (προφαν-ηϑι ϑεος). I takve su zbiljske napomene neophodne za razumevanje grčkih umetničkih dela, kao i svih istinskih umetničkih dela. Ovim smo upravo ukazali na karakteristični postupak u slučaju neke uzburkanosti (koja je, svakako, tek jedan od načina zavičajnog obrta, i još je određenije naravi).

Ako je takav fenomen tragički, onda on postupa reakcijski, i bezoblično se razgoreva na onome suviše uobličenom. Ono što je pri tome karakteristično jeste, dakle, da svi likovi zahvaćeni *takvom* kobi nisu, kao u *Edipu*, u nekom idealnom obliku, oličeni borbom za istinu, i poput nekoga ko brani svoj razum; nisu ni kao neko ko brani svoj život ili svoja dobra ili svoju čast, kakvi su likovi u *Ajantu*, nego se kao likovi nedre iz međusobnog sučeljavanja, kao likovi u strogom smislu, formalizovani.

Grupisanje takvih likova moguće je, kao što je to očigledno u *Antigoni*, uporediti s nadmetanjem trkača, pri čemu je izgubio onaj koji je najpre na kraju daha i naleće na jačeg od sebe; mogućno je onda i borbu u *Edipu* uporediti s pesničenjem, a onu u *Ajantu* s mačevanjem. Umna forma, koja se ovde tragički obrazuje, jeste politička, i to republikanska, jer između Kreonta i Antigone, oblikovnog i antioblikovnog, ravnoteža je izjednačena do preteranosti. To se naročito pokazuje na kraju, gde su Kreonta gotovo izmaltretirale njegove sluge.

Sofokle je u pravu. Takva je sudbina njegovog doba i forma njegove otadžbine. Mogućno je, svakako, idealizovati, na primer izabrati najbolji momenat, ali načine predstavljanja otadžbine ne sme, barem što se tiče podređivanja, izmeniti pesnik, koji prikazuje svet u malome. Za nas je takva forma upravo odgovarajuća, jer ono beskrajno, kao što je to duh država i sveta, ne može bez nje biti shvaćeno drukčije nego s trapavog gledišta. No, zavičajne forme naših pesnika, tamo gde ih ima, ipak su primamljive, pošto su one tu ne samo da bismo naučili da razumemo duh vremena, nego i da ga održavamo i osećamo onda kad je jednom već shvaćen i naučen.

---

[1] U izvorniku *Innigkeit*, interiornost, a po značenju se podudara sa izrazom *das innige Leben*, „unutrašnji život", koji se navodi u Helderlinovom nacrtu *Lirska, po izgledu idealna pesma*... Izraz bi, kod Helderlina, trebalo razumeti kao konkretni vid harmonično-protivstavljenog, „Jednog različitog u sebi".

[2] Kao dobar primer, u navedenom pogledu, za tragičku odu može se navesti upravo jedna od Helderlinovih oda: *Rastanak (Der Abschied)*, napisana tokom leta 1800. godine. Ta oda se u potpunosti podudara sa elementima koje autor iznosi u prvom delu ovoga značajnog teksta. Dočarava nam se postupnost tonova u tragičkoj odi, tom svojevrsnom lirskom podžanru. Takva oda nam, najpre, prikazuje svoju suprotnost da bi time čulno oprisutila ono čisto jedinstvo duha. S te suprotnosti, krajnje podeljenosti, prelazi na ekstrem nerazlikovanja, od junačkog na idealno, da bi oboje, konačno, izmirila u naivnom, čulnom. Helderlin smatra da je tu u pitanju prirodno kretanje koje ide od prvog na drugi, pa na treći ton. Potom, duh, osvešćen, nastavlja svoj razvoj. Samo kretanje u odi se ponovo vraća početnom tonu itd. *(Prev.)*

[3] U ovome nam odeljku autor nudi opštiju analizu tragedije koja se od tragičke ode razlikuje time što izražava neki beskonačniji božanski element. Pesnik se, naime, povlači iz pesme, prikriva ono što je u njemu individualno, u srazmeri sa svojim približavanjem božanskom. Tema Helderlinove pesničke drame o Empedoklu je takoreći upravo „tuđa analogna građa" o kojoj će ovde govoriti. U njoj se on prerušava, u nju upliće ličnu tragediju pesnika.

[4] *Nefas* (na lat. nešto što je protiv božanskog zakona) – ova se reč kasnije opet javlja u *Napomenama uz Edipa*, gde je i njeno značenje dostupnije iz konteksta.

[5] U izvorniku: *im reinen Leben*. Aluzija na prvu etapu u istoriji duha, na detinjstvo, kada nema rastojanja prema saznanju... Inače, Helderlinova oda *Priroda i umetnost (Natur und Kunst oder Saturn und Jupiter)*, okončana najkasnije početkom 1801. godine, kao da se oslanja upravo na ovo mesto, i po Emilu Štajgeru (*in* Emil Staiger: *Meisterwerke deutscher Sprache*, Zürich-Berlin, 1943) bliska je Helderlinovom pevanju o Empedoklu. Priroda se, shvaćena kao unutrašnjost, nerazlučivost, protivstavlja umetnosti kao razlikujućem elementu. Priroda i umetnost, uostalom, spadaju među najvažnija načela Helderlinovog pesništva i mišljenja.

[6] U izvorniku *die aorgischere Natur*. Izraz *aorgisch* znači, u Helderlinovoj misli, nešto što je elementarno-nesputano. Javlja se i u nacrtu *Lirska, po izgledu idealna pesma...* (vid. raniju fusnotu uz pojam *Innigkeit*). Vezuje se za prirodu, kao što se *organisch* vezuje za umetnost.

[7] Sa ovim bi se mestom mogao uporediti nađeni nacrt nezavršenog pisma verovatno namenjenom Kristijanu Gotfridu Šicu (Christian Gottfried Schütz), profesoru u Jeni i izdavaču časopisa *Allgemeine Literatur-Zeitung*, kao i prevodâ Eshilovih tragedija. Vid. u uvodnoj od priređivačevih *Napomena*.

[8] Jer, strah da će postati pozitivan mora biti, prirodno, njegov najveći strah, budući da oseća da će *On* utoliko sigurnije propasti što stvarnije bude izražavao ono unutrašnje.

[9] *Sein Gegner*. O kakvom bi to „protivniku" moglo biti reči, vid. više u posebnoj napomeni, u prilogu, uz ovaj tekst.

[10] Znači umetnost, ili umešnost, kad je svesna zahteva svoje tehničke strogosti.

[11] Na francuskom, u izvorniku.

[12] Po svemu sudeći, autor cilja na ravnotežu elemenata, pa su, dakle, oni u tragediji iste težine.

¹³ Pod *transportom* bi trebalo razumeti sámo kretanje tragedije.
¹⁴ O raskidajućem *(fortreissend)* kretanju, razvijanju tragedije Helderlin će govoriti već u pismu prijatelju Nojferu (od 3. jula 1799. godine), u kome se javlja određenje tragedije koje još osvetljava razvoj pesnikove *Smrti Empedokla*. Vid. o tome više u posebnoj napomeni, u prilogu, uz ovaj tekst.
¹⁵ U *Osnovi za Empedokla* nalazimo gotovo istovetno mesto koje, u najmanju ruku, anticipira ovu formulaciju.
¹⁶ Autori kritičkih izdanja Helderlinovih spisa upućuju na Suidu kao izvor za ovaj navod koji bi trebalo da uputi na primer stapanja u jedno prirode, i njene moći, sa onim najdubljim u čoveku. Kod Suide rečenica zapravo govori o Aristotelu. Međutim, kada pogledamo preciznije u rečeni izvor, pažljivijom proverom lako ćemo utvrditi da podudarnost nije ispunjena u svim tačkama. Kod Suide stoji: οτι Αριστοτελης της φυσεως γραμματευς ην τον καλαμον αποβρεχων εις νουν („da Aristotel je bio pisac prirode, pero umačući u um"). Helderlin, umesto εις νουν, piše: ευνουν ! Kako suditi o tome otklonu? Da li je u pitanju tek Helderlinova omaška u pisanju? Teško je reći, ali je očigledno da otklon sadrži izvesni smisao, pa bismo kao verodostojno mogli reći da je on artikulisan sa određenim naumom, te da o grešci gotovo ne može biti reči, bez obzira što mnogi komentatori od autoriteta govore o navodnom netačnom (!) citatu. „Suviše je smisla" u toj „grešci". Zahvaljujući zameni, moramo čitati „... dobromisleno pero umačući", pri čemu vodimo računa da se to tiče tragičkog pesnika, a ne filozofa, naime Sofokla a ne Aristotela!
¹⁷ Povodom ovoga opisa koji se neposredno vezuje za tragički prizor kod Sofokla, hrišćanski bi tumač mogao podsetiti i na 24. glavu *Jevanđelja po Mateju*, gde se govori o razaranju Jerusalima, kraju sveta, pomoru i pometnji velikoj.
¹⁸ *Ona* – odnosi se na kalkulabilnu zakonitost (pravilo).
¹⁹ Izvrsni tumač Helderlinovog dela, Beda Aleman (Alleman), upućuje na ovo mesto, polazeći od dva stiha iz 4. strofe možda najdivnije Helderlinove pesme *Patmos*, u kojima se takođe spominje reč *Hälfte* („polovina"). Da li doista u oba slučaja ta reč evocira istu stvar? Kako god bilo, nesumnjivo je da se slika raspolućenog života često i intenzivno nametala pesniku. Po njemu, život uvek ima dve polutke (na šta ukazuje i Helderlinova takođe lepa pesma *Polovina života*) koje mogu biti paralelne baš kao „život" i „tragedija" o čemu autor i izlaže u ovim *Napomenama*. Nije li trenutak raspolućivanja

upravo onaj „najsmeliji momenat u toku nekog dana..." s kojim pasaž započinje? Najrizičniji momenat...

[20] Ovaj prelaz biće posebno tematizovan u trećem odeljku ovih Helderlinovih *Napomena*

[21] Neosporno je da Antigona ovde, govoreći pred horom, aludira na mit o Niobi koja je, iako izobila nakrcana životom, preobražena u kamen, u „pustinju". Antigona se poredi s njom. I tu se može evocirati odnos prirode i umetnosti do koga je Helderlinu stalo.

[22] Gotovo da bismo mogli reći da ovde Helderlin misli na sebe! Taj trenutak „svete mogućnosti duha", koju će održavati „živom" možda mu ubrzo predstoji?

[23] Sa ovim navodom Helderlin bi da pređe na drugi primer udara na božansko. Sada je u pitanju mit o Danaji.

[24] Helderlin se efektno zalaže za reintepretaciju mita, i na u tekstu istaknuti iskaz Beda Aleman će se upravo pozvati kao na trenutak pesnikovog definitivnog napuštanja „empedoklovskog načela" (po izrazu Alemana), naime da se jeretička želja zasniva u božanskoj Sveukupnosti. Upravo je „odbrojavanju" vremena, o čemu Helderlin govori nekoliko redi dalje, hteo Empedokle da se potčini. Postoji vreme koje srce „odbrojava" u patnji i vreme koje se izvodi iz razuma.

[25] Pustinjak, izgnanik, samotnik, taj Helderlin kao da se opseća hiperionskog lika do kojega mu je toliko bilo stalo u njegovom romanu *Hiperion* i u mnogim pesmama. No, otada do časa kada sklapa svoje napomene uz Sofoklove tragedije, koliko se samo u njegovom „unutrašnjem životu" figura pustinjaka, izgnanika, promenila! Sada mu je, kao drukčijem, iskonskijem izgnaniku, stalo da istraži moć „ostajanja", da iznađe neku stalnost.

[26] Cilja se na likove u Sofoklovoj tragediji *Ajant*.

[27] U poznoj varijanti svoje pesme *Patmos,* Helderlin Grčku naziva „mlada zemlja atletskih pogleda". Martin Hajdeger (Heidegger) će izraz „atletsko" tumačiti kao „pojavljivanje duha koji se bori da bi našao svoju telesnu meru, veličinu svoga stasa, i sebe u njoj pojmio".

Iz grčke poetike

ODLOMCI O PINDARU

Nevera mudrosti

O, sinko, kome je na krznu pontske zveri,
Hridima sklone, najviše duha
Dodeljeno, prigrli sve gradove,
Prisutno hvali
Dobrodušno,
I drukčije umuj u drugom vremenu.

Sposobnost samotničke škole za svet. Čednost čistoga znanja kao duša pameti. Jer, pamet je umetnost ostati, pod raznim okolnostima, veran: znanje umetnost, kod pozitivnih zabluda – biti siguran u razum. Koristi li se razum intenzivno, tada on čuva svoju snagu i u rasutome; ukoliko na sopstvenom naoštrenom sečivu lako prepoznaje stranu trunku, onda se neće lako prevariti u neizvesnim situacijama.

Tako izlazi Jason, Kentaurov vaspitanik, pred Peliju:

verujem da sam učenjem
Hironovim ovladao. Iz pećine zapravo dolazim
Od Harikla i Filire, gde su me
Kćeri Kentaurove othranile,
Svetice; dvadeset sam leta tamo
Proveo a da dela
Niti reči ružne njima nisam
Rekao, a sad sam došao kući
Da vlast opet uzmem koja mi je od oca ostanula.

O istini

Začetnice velevrline, kraljice istino,
Da ne oburvavaš
Misao moju u opaku laž.

Strah od istine, počev od prijatnog dodira s njom. Naime, prvo živo poimanje iste u živome smislu je, poput svakog čistog osećanja, izloženo zbrkama; tako, ne luta se sopstvenom greškom niti zbog ometanja, nego zbog višeg predmeta radi kojeg je, srazmerno, smisao odveć krhak.

O spokoju

Javno, shvatio li je to
Građanin za tihog predaha,
Onda mora otkriti
Veličajnog spokoja sveti sjaj,
A uzavrelim grudima
U dubinu suzbiti njihov olujni dah; jer osiromašuje
I neprijatelj je vaspitačima dece.

Pre nego što su zakoni, veličajnog spokoja sveti sjaj, bili otkriveni, mora neko, zakonodavac ili knez, u *iskorenjujućoj* ili *stalnijoj* kobi otadžbine i svakad po receptivnosti naroda ustrojenoj, shvatiti karakter te kobi, *kraljevskije* ili *pučkije* u odnosima ljudi, u neko neoštećeno vreme, *uzurpatorskije*, kao što je u slučaju grčkih sinova prirode, ili *iskusnije*, kao što je u slučaju ljudi od vaspitanja. Tada su zakoni sredstvo održavanja te kobi u njenoj neokrnjenosti. Ono što je za kneza originalni način, to važi kao oponašanje za običnijeg građanina.

O delfinu

U dubinama mora bez vala
Milo ga uzbudila pesma frula.

Pêv prirode, usred lahora Muza, kad ponad cvetova oblaci poput pramenja lebde, a iznad se preliva zlatno cveće. U to doba svako biće izjavljuje svoj ton, svoju vernost, način kako se sa sobom zglašava. Jedino razlika u načinima tada vrši razdvajanje u prirodi, pa je, tako, sve više pêv i čisti glas nego naglasak potrebe ili jezik od neke druge strane. To je more bez vala, gde gipka riba oseća zvižduk tritona, odjek rastenja u mekom vodenom bilju.

Višnje

Zakon,
Svega kralj, smrtnika i
Besmrtnika; eto ko upravo vodi
Zato moćno
Najpravičnije pravo najvisočijom rukom.

Strogo uzevši, neposrednost je za smrtnike nemogućna, kao i za besmrtnike; bog mora razlikovati različne svetove, saglasno svojoj prirodi, jer nebeska dobrota, sama po sebi, mora biti sveta, ne izmešana. Kao saznajno biće, čovek mora takođe razlikovati različne svetove, jer saznanje je tek protivstavljanjem mogućno. Stoga je neposredno, strogo uzevši, za smrtnike nemogućno, kao i za besmrtnike.

Ali, stroga posrednost je zakon.

No, iz tog razloga, moćno on vodi najpravičnije pravo najvisočijom rukom.

Odgajanje, utoliko što je oblik, u kome čovek susreće sebe i boga, zakon crkve i države, i nasleđene uredbe (svetost božja, a za čoveka mogućnost saznanja, prosvetljenja), sve to moćno vodi najpravičnije pravo najvisočijom rukom; strožije od umetnosti, to učvršćuje žive odnose u kojima je, vremenom, narod sebe sreo i susreće. „Kralj" ovde znači superlativ koji je tek znak za vrhunsku osnovu saznanja, ne za vrhunsku moć.

Vek

Ko pravo i sveto
Život živi,
Slatko mu srce hraneći,
Dugo će živeti,
Praćen nadom, koja
Ponajviše višeokretnom
Mišlju smrtnikâ vlada.

Jedna od najlepših slika života, kako nevini običaji održavaju srce živim, otkuda proističe nada; a ona tada podstiče procvat jednostavnosti, s njenim mnogostrukim pokušajima, i smisao okreće i tako život produžava, s njegovom žurnom sporošću.

Beskraj

Ako se na pravde zid,
Povisok, lukavstvom nekim
Dovinem i tako sebe
Iznova napišem, prominuh
Svoj život, o kome sam
Dvosmislenu imao
Misao upravo da reknem.

Pošalica mudračeva, i zagonetka koja gotovo da ne bi mogla biti rešena. Klaćenje i sukob između pravde i pameti rešava se, naime, samo u nekoj apsolutno protočnoj uzajamnoj vezi. „Dvosmislenu imao misao upravo da reknem." Pa tako između pravde i pameti otkrivam vezu koja ne sme njima samima biti pripisana nego nečem trećem čime se one beskrajno (upravo) povezuju, eto otkuda mi dvosmislena misao.

Utočišta

Najpre imaju
Dobru savetnicu Temidu
Nebesnici, na zlatnim hatima, pored
Soli okeanske,
Vremenice, na lestvama,
Svetim, vodi, Olimpa,
U sjajni povratak,
Spasitelja stara devojka,
Zevsa, biti,
Ali ona je
Zlatošivena, dobrohotnica,
Sjajno plodna počivališta porodila.

Kako se čovek postavlja, sin Temidin, kada, počev od smisla za savršeno, njegov duh, na zemlji i na nebu, ne nađe nikakvog počinka, sve dok, sretnuvši se u sudbini, na tragovima drevnog odgoja, bog-i-čovek iznova se ne prepozna, i u sećanju na prvobitnu nevolju srećan je *tu gde se može održati.*

Temida, sklona redu, donela je na svet *utočišta čovekova,* mirna počivališta, kojima ništa strano ne može nauditi, jer se u njima delovanje i život prirode koncentrišu, i neko ko predoseća, kao sećajući se, da bi u njima spoznao ono što su ona negda spoznala.

Životodavno

Muškoporobljivka, potom
Od Kentaura naučena
Sila
Medovine, naglo otisnuvši
Belo mleko iz njihovih ruku, sto, daleko od njih,
Iz srebrnog rogovlja pijući
Oni se zaludiše.

Pojam Kentaurâ je, svakako, pojam duha neke reke, ukoliko ona ocrtava put i granicu, silinom, na zemlji prvobitno bez putokaza i prostirući se u daljinu.

Njegova prilika je, zbog toga, na mestima prirode gde je obala bogata stenjem i pećinama, *posebno u krajevima gde je reka prvobitno napustila planinski lanac i morala da popreko njega probije svoje korito.*

Kentauri su, iz istoga razloga, izvorno učitelji prirodne nauke, budući da se tako, polazeći s tog gledišta, priroda može najbolje prozreti.

U takvim predelima, morala je reka, spočetka, da luta i krivuda posvuda pre nego što će iznaći i probiti svoj put. Time su se obrazovale, kao oko jezercadi, vlažne livade, i pećine u zemlji za sisarske životinje, a Kentaur je bio, dakle, divlji čobanin, nalik Odisejevom Kiklopu; vode su nestrpljivo tragale za svojim putem. Ali, što su njene obale bivale sve suvlje i čvršće, i smer korita se ustaljivao između drveća sa snažnim korenjem, i između šipražja i vinove loze, utoliko je i reka većma morala, poprimajući od oblika obala oblik svoga kretanja, zadobivati smer, sve dok ne bi,

Iz grčke poetike

podsticana izvorom, probila prolaz na mestu gde su brda, što su je utamničavala, bila najkolebljivije povezana.

Kao što su Kentauri *podučavali o sili medovine*[3] od konsolidovane, drvećem bogate obale poprimali su svoje kretanje i smer, i otiskivali *belo mleko i sto iz ruku*, dok je stvoreni talas remetio mir jezerceta, pa se i način života na obali menjao: prodor šume sa olujama i sigurnim gorskim kneževima potresao je dokoni život na pustopoljini, stajaće vode dugo su bile odbacivane strmijom obalom *sve dok ne bi bile pretvorene u rukavce*, i tako, držeći se sopstvenog smera, reka je od sebe, *pijući iz srebrnog rogovlja*, gradila sebi put, poprimala svoju određenost.

Pesme Osijanove naročito su istinske kentaurske pesme, ispevane duhom reke, i kao da su od grčkog Hirona koji je Ahila takođe podučavao u sviranju na liri.

---

[1] *Honigsüsse Wein*, vino zaslađeno medom.

Dodaci

1

NACRT

[*Najstariji sistemski program nemačkog idealizma*]

[

]

Etika. Pošto cela metafizika ubuduće vodi u *moral* (o čemu je Kant sa oba svoja praktička postulata dao tek jedan *primer*, ništa ne *iscrpivši*), onda ta etika neće biti ništa drugo nego potpuni sistem svih ideja ili, što je isto, svih praktičkih postulata. Prva ideja je, prirodno, predstava o *meni samom* kao apsolutno slobodnom biću. Sa slobodnim, samosvesnim bićem istovremeno – iz Ničega – iskrsava celi svet; jedino istinsko i mislivo *stvaranje* jeste počev *od Ničega*. – Ovde ću preći na polje fizike; pitanje je sledeće: Kakva mora da je priroda sveta za neko moralno biće? Hteo bih dati ponovo krila našoj fizici koja sporo i naporno korača od eksperimenta do eksperimenta.

Tako – ako filozofija isporučuje ideje, iskustvo podatke, možemo, najzad, dobiti fiziku u prirodnoj veličini, koju očekujem od nadolazećih vremena. Ne čini se da bi sadašnja fizika mogla da zadovolji stvaralački duh, kakav je naš, ili bi trebalo da bude.

S prirode dolazim na *ljudsko delo*. Prednjači ideja o čovečanstvu – hoću da pokažem da, budući je država nešto *mehaničko*, ne postoji nikakva ideja o *državi*, jednako malo koliko postoji neka ideja o *mašini*. Jedino ono što je predmet *slobode*, naziva se *ideja*. Moramo, dakle, nadići i državu! – Jer, svaka država mora sa slobodnim čovekom da postupa kao s mehaničkim točkićem; a to mu nije potrebno; dakle, mora *iščeznuti*. Sami vidite da su ovde sve ideje, o večnom miru itd., samo ideje *podređene* nekoj višoj ideji. Hoću ovde, istovremeno, da poverim na čuvanje načela za jednu *istoriju čovečanstva*, i da do kože razgolitim jadno ljudsko delo kakvo je država, ustav, vlada, zakonodavstvo. Konačno, ideje potiču iz moralnog sveta, božanstvo, besmrtnost – obaranje svake nadrivere, proganjanje sveštenstva koje, tu nedavno, posredstvom samog uma, licemeriše um. – Apsolutna sloboda za sve duhove, koji u sebi nose intelektualni svet, i ne smeju tražiti, *osim u sebi*, ni Boga ni besmrtnost.

Najzad, ideja, koja sve objedinjava, ideja *lepote*, reč uzeta u višem, platonovskom smislu. Uveren sam sad da najviši čin uma, koji obuhvata sve ideje, jeste estetski čin, te da se *istina i dobrota* sestrime samo *u lepoti*. Filozof mora posedovati estetsku snagu upravo koliku i pesnik. Ljudi lišeni estetskog čula jesu naši slovosričući filozofi. Filozofija duha je estetska filozofija. Ne može se ni u čemu biti bogat duhom, ne može se čak ni o istoriji duhovno rezonovati – bez estetskog čula. Ovde se očituje ono što ljudima koji ne razumeju ideje zapravo nedostaje, i koji prostosrdačno priznaju da im je sve tamno ukoliko se ne radi o tabelama i registrima.

Poezija time stiče više dostojanstvo; ona na kraju opet biva ono što je bila na početku – *učiteljica čovečanstva*. Jer više nema nikakve filozofije, nikakve istorije, jedino će od svih ostalih nauka i umetnosti preživeti pesnička umetnost.

Istovremeno, često slušamo kako bi velike mase morale imati neku *čulnu religiju*. Ne samo velikim masama, i filozofiji je ona potrebna. Monoteizam uma i srca, politeizam moći uobrazilje i umetnosti, eto onog što nam je potrebno!

Govoriću ovde najpre o ideji koja, koliko znam, još nijednom čoveku nije pala na pamet – moramo imati novu mitologiju, ali ta mitologija mora stajati u službi ideja, mora postati mitologija *uma*.

Ideje koje nisu estetski, tj. mitološki sazdane, nisu ni od kakvog interesa za *narod*, i obrnuto: mitologije koja nije umna, filozof se mora stideti. Tako, konačno, prosvećeni i neprosvećeni moraju jedan drugome pružiti ruku, mitologija mora postati filozofska da bi narod postao uman, a filozofija mora postati mitološka da bi filozofe učinila čulnim. Tada večno jedinstvo vlada među nama. Nikad više prezirni pogled, nikad više slepo drhtanje naroda pred svojim mudracima i sveštenicima. Tada nas tek čeka *jednakomerni procvat svih* snaga, kako pojedinca tako i svih individua zajedno. Nijedna snaga neće više biti potisnuta; tada će vladati opšta sloboda i jednakost duhova! – Neki viši duh poslan s neba, mora među nama zasnovati tu novu religiju; ona će biti poslednje, najveće delo čovečanstva.

2

DA ČOVEK U SVETU...

Da čovek u svetu poseduje neke više moralne vređenosti[1], spoznaje se po tvrdstvima[2] o moralnosti i po mnogim stvarima.

---

[1] U izvorniku, *Geltenheiten*. Izraz koji se još ne sreće u nemačkom jeziku, ali ipak razumljiv. To je izraz sa otklonom!
[2] U izvorniku, *Behauptheiten*. I za ovaj izraz sve isto važi i sve se isto može tvditi kao i za prethodni.

Napomene

Prvi ozbiljniji Helderlinovi poetički tekstovi, zatečeni u rasutoj ostavštini, potiču iz razdoblja njegovog boravka u Homburgu. To je vreme kada radi na romanu *Hiperion ili pustinjak u Grčkoj*. Pečat tadašnjih Helderlinovih razmišljanja otkrivamo u prva četiri teksta ovoga izdanja, kao i u *Nacrtu*, poznatom kao prvi „sistemski program nemačkog idealizma", pa otuda, u istorijskofilozofskom i duhovnom pogledu, nezaobilaznom mislilačkom i stvaralačkom dokumentu, kojeg smo iz kasnije objašnjenih tekstoloških razloga, proisteklih iz pitanja autorstva, smestili u *Dodatke*.

Helderlinova promišljanja tragičke umetnosti i tragičkog kao takvog, izložena prvenstveno u *Osnovi za Empedokla*, te u *Napomenama uz Edipa* i *Antigonu*, od izuzetnog su značaja za pesnikovu koncepciju i viziju tragičkog pesništva, ali nimalo ne treba sumnjati da i ona spadaju u celinu s takozvanim ogledima i nacrtima iz poetike, zajedno s rečitim pukotinama koje se zagonetno ocrtavaju na toj celini. U ovoj zbirci su priloženi i pesnikovi fragmenti o Pindarovim pesmama, upotpunjujući tako Helderlinov pogled na grčke korene pesništva...

U tragičkoj umetnosti Helderlin je video vrhunac pesništva. Iz osobene nostalgije za starom Grčkom, svestan svih razlika koje nas od nje dele, uspeo je da iznedri elemente novog osvita. Naslućujemo ga, kao osvit novog razdoblja u jezičkom artikulisanju istorijskih smislova, u njegovim spisima o Sofoklovim tragedijama, u teorijskoj osnovi koju će dati za svoju nezavršenu tragičku igru *Smrt Empedokla*, u njegovim komentarima uz odlomke Pindarovih pesama. Fridrih Niče, takođe jedan od velikih mislilaca osvita, dolazi tek posle jednog od najvećih pesnika sveta do danas. Spisi o kojima je reč istovremeno su, posle pesnikovih nacrta iz poetike, već objavljenih kod nas, vrhunac Helderlinove poetike, njegove pesničke refleksije koja svojim uvidima potresa sve što možemo znati o presudnosti jednog dela bez pravog premca. Helderlinov mislilački put, koji je nesumnjivo zahtevao svojevrsnu odvažnost, vodio je u daljine u koje se nisu usudili zaći ni najdalekosežniji filozofi njegovog vremena, među kojima istaknuto mesto zauzima Hegel. Taj put, do sada još nedovoljno tumačen, gotovo nepoznat, svakako s neiskušanim svojim mogućnostima, put je na kome veličina poezije samo raste, i njen se značaj otkriva kao nezaobilazan za ljudski opstanak.

Ono što nam je Helderlin ostavio, između ostalog, kao svoje refleksivno zaveštanje o pitanju tragedije i tragičkog nije bitno samo u sklopu njegovog mislilačkog i pesničkog dela nego je po mnogo čemu značajno za prefiguraciju Aristotelove koncepcije koja je stolećima dominirala u pristupu rečenoj problematici. Posle Helderlina, naš pogled na tragičko ne može biti više isti. U tome smislu, presudnim spisima, u ovoj knjizi prevedenim i predočenim, koji su se zatekli u oštećenoj pesnikovoj rukopisnoj ostavštini, nesumnjivo bi valjalo pridodati i izvesna mesta iz autorove prepiske. I sama Helderlinova pisma su do nas stigla u malom broju. Mnoga su, izgleda, za nas nepovratno izgubljena. A i ona koja su nam dostupna, često su tek fragmentarna ili samo u konceptu za koji ne možemo znati da li je ikada bio u potpunosti realizovan (i pismo, tada, upućeno adresatu). Kako god bilo, iz te korespondencijske građe izdvaja se, za tragičko obzorje do kojega nam je ovde stalo, kao i za pesnikov odnos prema staroj Grčkoj, naprosto nezaobilazan komad kojega ću stoga ovde ekstenzivno navesti. U pitanju je koncept nezavršenog pisma, verovatno sačinjen u Homburgu, tokom 1800. godine. Dakle, nakon projekta tragičke igre o Empedoklu, a pre napomena uz Sofoklove tragedije. Međutim, ni datiranje, kao ni eventualni adresat nisu izvesni. Pretpostavlja se da je pismo trebalo biti upućeno Kristijanu Gotfridu Šicu, izdavaču i uredniku *Allgemeine Literatur-Zeitung*-a u Jeni, kao predlog za saradnju pesnika s tim književnim glasilom. Mesto je srodno razmišljanjima izloženim u *Osnovi za Empedokla* i *Napomenama* uz Sofoklove tragedije. Helderlin ovde ukazuje na formalnu strogost kao na „svetu sudbonosnost", nužnost koju nameće ono što je za Grke bilo najviša odlika, naime „božansko", ono najduhovnije. Pri tome bi se moglo i zaključiti da, po Helderlinu, tragedija ne izvršava apsolutno mirenje suprotnosti nego ih održava u *harmoničnom rastojanju*...

„Pribegao sam produbljenom izučavanju Grkâ koji su mi, tokom mojih usamljenih razmatranja, bili jedini prijatelji, brinući se za mene kad nisam odveć siguran u sebe niti odveć u nedoumici. Rezultati tih izučavanja razlikuju se, uostalom, od ostalih koje poznajem. Poznata vam je strogost s kojom su najumniji stari razlikovali razne pesničke vrste; u najmanju ruku vodili su računa o spoljašnjem izgledu istih, i svoju su umetnost držali više za dobro proračunato zadovoljstvo nego za neku svetu sudbonosnost koja bi im bila nametnuta u božanskim stvarima. Najduhovnije je moralo, istovremeno, za njih, biti *najkarakterističnije*. Tako važi i za *predstavljanje* istog. Otuda strogost i izoštrenost *forme* u njihovoj poeziji, otuda i *plemenita* nasilnost s kojom su posmatrali tu strogost u slučaju podređenijih pesničkih vrsta, otuda i tananost s kojom su izbegavali glavne karakteristike u slučaju viših pesničkih vrsta, upravo zato što ove ne sadrže nikakav strani element, nešto izvansuštinsko, pa tako ni ikakav trag prinude. Božanske stvbari su predstavljali na ljudski način, izbegavajući ipak da im pridaju ljudsku meru u doslovnome smislu, uostalom sasvim prirodno, jer pesništvo, bilo ono prožeto zanosom, ili umereno i sumorno, po svojoj suštini jeste neka vedra služba bogu koja nikada nije ljude u bogove niti bogove u ljude *menjala*, nikada uspostavljala neku nečistu *idolatriju*, nego je jedino bogove i ljude zbližavala. Tragedija to pokazuje *per contrarium*. Bog i čovek izgledaju kao jedno da su, zatim sudbina pobuđuje svu skrušenost i svu oholost čovekovu, i tako, na koncu, on završava, s jedne strane, u štovanju nebesnika i, s druge, dopušta čoveku da poseduje neku pročišćenu dušu. Takva su estetička promišljanja koja su, formulisana u pravo vreme i po načelima: *hteti, morati* i *moći*, predvodila moj pristup pesničkim delima, u duhu nepokolebljive pravednosti prema stvari i uz sve moguće obzire prema ličnosti piščevoj, kao i s mišlju,..."

Osim predočenih glavnih spisa, čije je prevođenje jedan od najtežih stvaralačkih napora, u ovom izdanju priređivač je, u okviru upravo ove, uvodne napomene (vid. dalje), odlučio da donese i najranije Helderlinove radove koji su u skrovitom doslušu s pesnikovim, uoči njegovog povlačenja, razmišljanjima o tragičkom i poetskom. Time se, konačno, na našem jeziku zaokružuje prilika za celovitije upoznavanje poetike koja premaša granice razdoblja, poetike jednog pesnika kome današnja poezija duguje neizrecivo mnogo i čiji uticaj je u znatnoj meri oblikovao tlocrt po kome pipaju i nagađaju današnji pesnici mnogih jezika.

Na kraju, i opet, moram istaći da tumačenje Helderlinovih ogleda, nacrta, napomena, refleksivnih i interpretativnih fragmenata nije istinski daleko odmaklo. Po meni, ono tek predstoji. Udes tog tumačenja nalik je prevođenju Helderlinovih esejističkih radova na druge jezike: nijedan se prevod još, pa ni moj, ne može smatrati definitivnim.

U Helderlinove najranije, mladalačke radove, seminarske oglede, spadaju pripremni zapis božićne besede o Jovanovoj *Prvoj poslanici Jevrejima*, propoved o *Drugoj poslanici sv. Jovana*, paralela između Solomona i Hesioda, zajedno sa obrazloženim istorijskim pregledom umetnosti kod Grka zaključno s koncem Periklovog doba i tekst o Jakobijevim pismima o Spinozinom sistemu.

I U jednom od nađenih Helderlinovih pisama majci, upućeno iz denkendorfskog ili maulbornskog semeništa, verovatno s jeseni 1785. godine, kada je mladi pesnik imao tek petnaestak godina, spominje se, ponosno, nacrt za njegovu božićnu besedu, 27. decembra 1785. godine. Trebalo je da je izgovori o večernjoj molitvi na dan Sv. Jovana.

II Helderlin je u Tibingenu, na bogoslovskom fakultetu. Njegova propoved, čijim jedino odlomkom raspolažemo, toliko naglašava da jedino hrišćanska doktrina nadvladava sve sumnje da, s pravom, možemo podozrevati da se pesnik već uveliko hrani sumnjama. Tekst potiče, verovatno, s početka 1791. godine.

III Tokom avgusta i septembra 1790. godine, Helderlin sprema ispit za naslov „magister" filozofije. Tada piše svoje ispitne disertacije, od kojih donosimo ovde dva vrednija teksta. Iz prvoga, preveden je samo drugi deo u kome se komentariše neposrednije paralela između Solomonovih *Izreka* i Hesiodovih *Poslova i dana*. Momenti pretresanja odnosa delova i celine, pitanja personifikovanja apstraktnih pojmova, kao i osvrt na opasnosti i preimućstva sistematizma, već su neophodni momenti za razumevanje Helderlinovog mišljenja. Drugi tekst je pisan očigledno pod znatnim uticajem nemačkog istoričara umetnosti Johana Vinkelmana. No, ovde su već nedvosmisleno istaknute Helderlinove sklonosti: Pindar i Sofokle.

IV Kao što je poznato, Jakobi je ugledan nemački filozof. Helderlin citira i komentariše njegovu knjigu *O Spinozinom učenju* (izdanje iz 1785, *Über die Lehre des Spinoza*). Na istu problematiku se Helderlin osvrće i u pismima majci, Hegelu i polubratu Karlu. Veoma je važno šta pesnik bira iz knjige, na čemu se zadržava. Bog kao večno rasprostiranje i skupljanje, kao i metodološke napomene iz dva završna pasaža teksta: o stvarima koje se ne mogu izložiti i o ulozi objašnjenja. Inače, tekst je verovatno pisan u Tibingenu, za autorovih bogoslovskih studija, početkom 1791. godine.

I

PROEMIUM HABENDUM

Die Joannis, in caput primum epistolae ad Ebraos

Pošto je nekada, mnogo puta i na mnoge načine, našim očevima govorio putem prorokâ, Bog nam je, ovih dana koji su poslednji, govorio posredstvom Sina koga je imenovao za naslednika svih stvari, putem kojega je i svet stvorio[1]. Ova dva stiha iz prvog poglavlja Poslanice Jevrejima, o kojima će danas promišljati, sadrže u sebi beskonačno blaženstvo. Dugo je Bog svoj narod podučavao neposrednim otkrivenjem i putem svojih pojava; dugo je Bog svoj narod podučavao putem prorokâ kojima je svoju božansku volju saopštavao svojim duhom, u vizijama i u snovima; jer On je video dobro da će ljudi, već propali, padati sve dublje u slepilo i greh, ako njegova pouka ne bude neprestano vodila njihovo iskvareno srce na put dobra. To bi, najzad, njegov Sin koga Bog ljubavi posla svojim neprijateljima, tvrdoglavom čovečanstvu, koje se neprestano, i po svojoj prirodi, oglušivalo o njegove zapovesti. Sina, najdraži moji, koji je, tokom cele večnosti, delio božanstvo Onoga koji, budući svemogući Bog, stvori celi ovaj svet, nebo i zemlju, njega im On posla. Nijedan mu anđeo ni bi nalik, mada su ta bića od najčudesnijih Božjih stvorenja, ali poznajući odveć dobro svoju ozleđenost prema njemu, oni štovahu i duboko se divljahu Sinu Božjem. Jer, sin Božji vlada istom mudrošću, istom pravdom, kao i Otac; on čuva i nosi sve stvari jednako Ocu. Za njega Otac reče: ovo

---

[1] U prevodu Vuka Stef. Karadžića, upravo navedeni stihovi glase ovako: „(1) Bog koji je negda mnogo puta i različnijem načinom govorio ocevima preko prôrokâ, govori i nama u pošljedak dana ovijeh preko sina, (2) Kojega postavi našljednika svemu, kroz kojega i svijet stvori." *(Prim. prev.)*

je moj voljeni Sin u kome sam sebi udovoljio: Sv. Luka, III, 22[1].

Sva stvorenja na nebu, na zemlji i pod zemljom duguju mu utoliko zahvalnost i štovanje, jer on se sa istom suverenom dobrotom, kao i njegov Otac, naginje nad svakim od stvorova. On je drugo lice Svetog trojstva, te svete zagonetke za naš ograničeni um. On poseduje istu prirodu, istu moć, istu slavu kao Otac. A taj jedini Sin Božji, bezgrešni, sišao je na zemlju, u krhkom obličju grešnikâ, svojih neprijatelja, e da bi prosvetlio njihova zaslepljena srca svojim božanskim naukom, svojom patnjom i svojom smrću poništio sve breme njihovih greha i preuzeo ulogu njihovog posrednika.

O, neobjašnjiva tajno ljubavi i milosti Božje! Spasitelj je dobro predvideo da će oni zbog kojih je sišao na zemlju, da će ga narod Božji, pa i njegove vođe, odbaciti s najgnusnijim prezrenjem; da će ti jadnici često obasipati njegovo Veličanstvo s toliko pakosti i beščašća; ali, njegova večna ljubav bila je veća od njihovog jogunastog duha! *O, najdraži slušaoci!* Ima li ikoga među nama da se toliko zaglibio u greh da je lišen dubokog osećanja zahvalnosti i radosti? Naročito u ovome trenutku kada je, opet posle sedamnaest stotina i više godina, osvanuo ovaj veliki dan koji na svet donese njegovog Spasitelja. Ne! Napustimo sve što je zemaljsko da bi smo se u potpunosti predali radosti spasenja kakvo je bilo rođenje Isusa Hrista.

Neka mu svaki tren bude posvećen, neka svak bude pun zahvalnosti i radosnih hvala, i neka ti ova takođe bude posvećena, večni Bogo-čoveče; ali, prizovimo najpre Gospodov blagoslov, i molimo: ...

II

PROPOVED O DRUGOJ POSLANICI
SV. JOVANA, 7–9

Prijatelji moji,

Od iskoni čovečanstvo ne štuje ništa toliko koliko Hristovo utelovljenje. Biće koje je nosilo život u sebi, čija je egzistencija bila sasvim nezavisna, čija će svemoć roditi neizbrojne živote, to biće poučava ljude, ne samo zato što se otkriva

---

[1] Prema Vuku Stef. Karadžiću: „Ti si sin moj ljubazni, ti si po mojoj volji." *(Prim. prev.)*

kao Tvorac koji vlada svetom, već što u ljudskom obličju on uči ljude o najboljem putu ka spasenju. Eto, po rečima Svetoga pisma, šta kaže Jovan, miljenik svoga učitelja. I sledeći njegov put, govoriću dakle o

utelovljenju, govoriću
1) o Hristu koji poučava ljude;
2) o spasenju putem Hristovog nauka.

Prijatelji moji! Hristos se otkriva kao učitelj čovečanstva pre svega po tome što je umeo da *a)* objasni i učvrsti pojam božanstva, *b)* objasni i učvrsti pojmove našeg odnosa prema božanstvu.

ad A) Sklonosti koje nas vode religiji prožete su tolikim zabludama da je, u odsustvu nekog načela saznanja podjednako snažnog poput neposrednog božanskog otkrivenja, gotovo neizbežno da neobrazovani ljudi budu izloženi praznoverju, a obrazovaniji – bezbožništvu ili, barem, uznemirenosti povodom najvažnijih pitanja.

Pojava Hristova na zemlji izbavlja nas od obe opasnosti. Ako se njegov božanski nauk i može zloupotrebiti u korist praznoverja, svaki neiskvareni duh ipak se ne može prevariti o njegovoj čistoti i prostodušnosti.

I ako je ikada neki nauk bio kadar da trijumfuje nad bezbožništvom i sumnjom, onda je to hrišćansko učenje. Ono počiva na neospornim činjenicama – na Hristovim i apostolskim čudima, putem kojih su potonji posvedočili svoju božansku misiju, a On svoje božanstvo.

Što se tiče hrišćanskog morala, on je tako čist, tako saglasan potrebama čovečanstva, da su i neprijatelji hrišćanstva sami prisiljeni da ga štuju, njega, kao i Onoga koji je upoznao ljudsko srce. Postoji li uopšte neki moralni zakon bolje sazdan od zakona ljubavi za podršku ljudskoj slobodi? Nisu li čista Božja ljubav i moralna sloboda ljudi vrhunsko dobro, neophodno našoj sreći?

Posle svega što sam upravo rekao, može izgledati suvišno govoriti o spasenju koje nam nudi Hristov nauk. To spasenje je takvo da ono malo što mi ostaje da o njemu kažem daleko je od toga da može iscrpeti punoću blagoslovâ koje nam donosi hrišćansko učenje.

Dozvolite mi, prijatelji moji, da ukažem na dve tačke.

Ono nas uči *a)* trajnom sinovljevskom poverenju u Boga, *b)* nadi u sigurnu besmrtnost.

ad A) Koliko živo poverenje u Boga, našeg Oca, oplemenjuje srce, koliko ga ono izdiže iznad prolaznih radosti, lišenih nevinosti, kako ta čistota srca predodređuje čoveka za radosti koje se skrovito predaju možda nebeskim radostima, može razumeti jedino onaj koji ih oseća.

Nikakva briga, nikakva pusta nada, nikakvo nezasluženo vređanje, ne mogu srušiti živi duh tog poverenja, jer nas ono ubeđuje da u svemu što nas može zadesiti deluje proviđenje s najboljim naumima, bilo u odnosu na nas ili u odnosu na našeg bližnjeg.

Nada i izvesnost u neki bolji život deluje na podjednako moćan način u korist našeg spasenja. Pomisao koja nas neizrecivo hrabri jeste da svaka snaga u nama, sve što smo činili i trpeli, nastavlja da deluje, da će dan kada harmonija neoduhovljene prirode iščezne biti početak najviše harmonije moralnog života. Sve to dugujemo Hristovom nauku. Sledimo njegov trag, tako da jednom i mi uđemo poput njega u slavu Gospodnju.

III

PARALELA IZMEĐU SOLOMONOVIH *IZREKA* I HESIODOVIH *POSLOVA I DANA*

Solomon i Hesiod

Upravo sam izveo, istina donekle nepotpunu paralelu. Sada ću pokušati da pridodam nekoliko refleksija koje se podjednako tiču forme pesama (njihova estetska priroda) i njihovog temelja (njihov filozofski interes).

Izvan sumnje je da bi bilo mesta da se o tome ponešto već kaže. No, ograničavajući razmatranje, moram se unapred izviniti što ću zabeležiti tek nekoliko refleksija, pa čak i da tih nekoliko nisu najvažnije. Prva analogija koju sam zapazio između upravo didaktičkog dela *Poslova i dana* i *Izreka* jeste njihov stil, kratak, lakonski.

Konciznost je očigledna odlika uzvišenog. Reči, Bog reče: neka bude svetlost, i svetlost bi – važe za vršak velike poetske umetnosti. Uzvišenim nazivamo ono što je, u trenu kada ga zapažamo, nemerljivo – ili ono čemu duša ne može sebi, u času kada ga uočava, jasno da predstavi granice. Ta nemerljiva stvar može biti, u prostoru i vremenu, rasprostrto ili sukcesivno. Uzvišeni karakter konciznosti pripada drugoj kategoriji. Uočimo da maksime obe pesme nisu lako razumljive za slabo obrazovane stanovnike Grčke i Istoka, te da se novina ideja, dakle, pridodaje konciznosti da bi impresionirala slušaoce.

No, kako dolazi do toga da se ova dva autora ukrštaju u rečenoj konciznosti? Ukratko, može se odgovoriti da je na Istoku i u neobrazovanoj Grčkoj bilo uobičajeno da se istine formulišu na što je moguće kraći način. Ali, otkuda potiče taj običaj? Otkuda, šire gledano, konciznost izreka i proročkih saopštenja kod svih naroda? Da li je to radi olakšavanja predanja ili zbog psiholoških razloga? Zgusnutost nastala usled siromaštva jezika i pojmova. Pokušao sam da verujem da bi moglo biti oboje. Starac je sažetiji od mladića. Sudovi Svete vehme izražavali su se sumarnije od Urbana II u njegovoj besedi u korist krstaškog rata; Spartanci su bili sažetiji od Atenjana. Ta konciznost možda nije bez veze s kratkoćom maksima, a tu bi moglo biti i pitanje predanja.

Nauka o psihološkom iskustvu nas uči da se živahnost u izražavanju, uopšte, smanjuje gotovo uvek u meri u kojoj napor, izuzetni rad duše raste i produbljuje se, da su izvesne ideje takve prirode da one nisu kadre lako naći, poput ostalih, svoj verbalni izraz, na primer kada se oseća superiornost izvesnih, temeljno ili tek pojmljenih istina. Ukratko, da duša

1) opšti utoliko manje sa spoljašnjim predmetima ukoliko je ona intenzivnije i stalnije obuzeta sobom;

2) da se utoliko manje zadržava na individuumima ukoliko se više zanima za opšte stvari.

Verujem da su direktno ili indirektno ova dva načela u osnovi svih ovde navedenih primera za konciznost.

Detaljnija analiza bi nas odvela predaleko od postavljene teme.

Dolazim na drugu analogiju dvaju članova moje paralele: personifikovanje apstraktnih pojmova.

Kao i konciznost u izražavanju, personifikovanje apstraktnih pojmova ima estetsku vrednost. Ono što nema nikakvog učinka na naše čulne i željne sposobnosti, nikada to ne ocenjuje kao lepo ili uzvišeno, uz uslov da je taj sud doista naš a ne ponavljanje nečijeg. No, nijedan predmet ne deluje na spomenute naše sposobnosti, ako to nije *ukupni utisak*. Kada analiziramo, kada razmatramo određene ideje, ništa ne osećamo. Pesnik hoće da deluje, međutim, na čulnu i željnu sposobnost ili, što upućuje na isto, teži lepoti i uzvišenom. Apstraktne pojmove koji nas, po svojoj prirodi, podstrekavaju na analizu, na razlaganje u strogim konceptima, on mora izložiti tako da postanu jasni pojmovi ili ukupni utisci, naime mora ih učiniti čulnim. A tu je na delu personifikovanje apstraktnih pojmova.

No, za pesnike antike, personifikovanje apstraktnih pojmova bilo je pre neizbežnost nego cilj. Kod neobrazovanih naroda, mašta se razvija uvek pre ostalih snaga duše. Otuda mitologije, mitovi i misterije, otuda i personifikovanje apstraktnih pojmova.

Treća analogija u formi koju smo otkrili jeste paralelizam.

O njegovoj estetskoj vrednosti, njegovoj harmoniji, njegovoj izražajnoj snazi, Herder je rekao mnogo lepih stvari. Ali, na čemu je on zasnovan? Svakako ne jedino na siromaštvu jezika i pojmova.

U mitovima o Pandori i u *Teogoniji*, Hesiodu nikako ne nedostaju izražajna sredstva; taj paralelizam se nalazi i kod Ovidija i drugih za koje bi teško bilo prihvatiti da su oskudevali u pojmovima i, osobito, u jeziku.

Verujem da se razlog za to nalazi u kratkoći izražavanja. Ona se sukobljava s ritmom. U tri sloga, fraza je postavljena, harmonična i precizna. Osvojena je harmonija slogova. Ali, uho iziskuje usto i harmoniju fraza, iziskuje ritam, a ovaj se očigledno ne može uspostaviti u nekoj trosložnoj izdvojenoj frazi. To primorava pesnika da je proprati nekom drugom, paralelnom s obzirom na energiju i harmoniju. No, ako, u toj frazi, smisao nije jednako paralelan, onda se cela harmonija našla očito ukinuta. Jer, budući munjevit, prelaz od jedne ideje na drugu biće skok. Verujem da su to pesnici poput Solomona i Hesioda, koliko god malo obrazovani, mogli – ako ne da analiziraju – bar da osete.

Poslednja analogija u formi sastoji se u činjenici da se Solomon svojim savetima obraća svome sinu, a Hesiod, svojima, svome bratu Perseju. To ne smatram beznačajnim, budući da isto pronalazimo i u većini didaktičkih pesama starih. Orfej se obraća svojim učenicima Linu i Museju; na kraju *Izreka*, Agur Itijelu i Ukalu (po jedanaestom od Herderovih *Teoloških pisama*), Hesiod Perseju, Vergilije Meceni.

Servije kaže da je to *quia praeceptum et doctoris et discipuli personam requirit*. No, kod Vergilija bar, to doista nije slučaj.

Ostaju analogije osnove ili moral obojice autora. To je konkretni moral, popularni i bez metoda.

Napomene 115

To je konkretni moral. Motivi koji ga prizivaju gotovo su isključivo bogatstvo i čast. Zašto? Verujem da sledeća opažanja mogu, u izvesnoj meri, objasniti razloge za to.

1. Bogatstvo i čast nisu tada još izgubili svoju moralnu vrednost u meri u kojoj se to desilo kod civlizovanih naroda. Bogatstvo je još odlika vrloga čoveka, jer nije nasleđivanjem preneseno od marljivih predaka nego je plod tegobnog rada i umešnog vođenja domaćinstva. Bogatstvo se još ne sastoji u gotovo neprirodnom posedovanju blaga i novca, već u komadu zemlje osrednje veličine i sa onim što se s tog komada moglo požnjeti, tako da ono nije baš lako obezvređivano razvratom i trošenjem. Čast se još ne sastoji u spoljnjim sitnicama, koje su kultivisani narodi toliko zloupotrebljavali, nego u poštovanju i poverenju porodice i šire zajednice prema radnom, mudrom i poštenom čoveku; pa tako navedeni motivi i nisu nemoralni kako je to moglo izgledati na prvi pogled.

2. Organi su još odveć malo istančani da bi omogući deliktnu moralnu osetljivost, prijatno osećanje koje vas nosi ka ljubavi prema čovečanstvu, uznesenost koja prati plemenito požrtvovanje.

3. Razum je još odveć zauzet pojavama koje ga se neposredno tiču da bi mogao da zapazi udaljenije opšte i moralne poglede poput onih koji pripadaju usavršavanju čovekovom.

Njihova etika je popularna; propisi sasvim jednostavni, kao oni kojima deda uči svoje unuke, kod Hesioda, pravila ponašanja koja se odnose na život na selu. Ima li tu fizofije?

1. Sudovi koji nam izgledaju tako banalni bili su u to vreme doista retko blago u očima pevača i slušalaca. Onaj ko je umeo da sažme ono do čega su toliki drugi dospevali tek posle niza različitih iskustava i koji je to izražavao podjednako rečima kratkim i zbijenim morao je, sasvim sigurno, biti smatran velikim mudracem. Rekao bih da je kratki, upravo didaktički deo *Poslova i dana* stajao Hesioda silnih napora i doneo mu toliko priznanja koliko su to donela mnoga pevanja iz *Ilijade* i *Odiseje* Homeru. – A bez prestiža današnje terminologije, ne bi li znatan broj sudova izgledao isto tako banalan? No, još ćemo govoriti o terminologiji.

2. Doktrinarna pitanja bila su pre posao razgovora i povremenih refleksija nego jedino zanimanje neke posebne klase. Kako su antički mudraci bili kadri da dopru do sudova koji su bili izvan običnog života i, uz pretpostavku da su takvi bili, kome su bili predočavani?

3. Pravila ponašanja na selu izložena u nekom didaktičkom spevu nisu bila nekorisna kako bi mogla biti u naše dane. Kad je reč o zemljoradnji, zanimanju mlađih i odraslih, budući još nesavršena, pravila ponašanja primenjiva na selu morala su predstavljati mudrost kako za odrasle tako i za mlađe. Između dokolice i nasilja ili nečasnosti, zemljoradnja je bila jedina i najbolja delatnost. Hoteći da brižno pripremi za svoj narod neku pozitivnu moralnu raspravu, Hesiod nije mogao a da se ne pozabavi njome. Ukratko, ona se sasvim umesno nalazi u naslovu *Poslova i dana*, podjednako koliko i javno pravosuđe i vojno pravo u našoj praktičkoj filozofiji.

Najzad, moralnim propisima orijentalnih i grčkih mudraca nedostaje metode. Nema sistema, nema terminologije, nema načelâ, nema definicija.

Nemogućnost za to, kakva god bila inače, proističe u izvesnoj meri iz onoga što prethodi.

No, da li je to razlog da se mudraci sažaljevaju ili veličaju? Možemo li se mi ponositi našim sistemima? Izvan sumnje je da smo mi znatno napredovali u pitanjima formalnih i materijalnih saznanja. Ali, nemaju li naši sistemi svoju štetnu i svoju korisnu stranu? Njihova suština je logička kohezija. A ideje koje se izlažu u logičkom poretku uvek se lakše urezuju u dušu; razmatrane kao deo neke organizovane celine, one pobuđuju uvek druge ideje, dublje istine. Suvišno je isticati korisnost sistemâ. Bez njih bi filozofsko istraživanje bilo besmisleno.

No, tačno zaključivanje koje se dâ razvijati počev od nekog logičkog lanca nije li se često pokazivalo netačnim u stvarnosti? Nije li, usled toga, mnogo puta ono što je stvarno bilo zamenjeno onim što je moguće? Nije li takav bio slučaj Volfa, velikog dogmatskog filozofa? U najmanju ruku. Verujem da je sektaštvo bilo svakad ako ne neizbežna, svakako uobičajena posledica sistemâ. Dovede li se u sumnju jedan jedini stav, filozof se već oseća napadnutim u svim svojim idejama, zato što je stav doveden u pitanje bio ili nužna posledica njegovih načela, ili bitni oslonac njegovih dedukcija. Uveravanje kojim se on služi da bi ga odbranio prevazilazi možda njegovo sopstvene ubeđenje ili, pak, ubeđenje koje je u početku bilo njegovo; protivnik, pak, sa svoje strane, takođe ide suviše daleko; tako se rađaju stranke.

Bitni delovi nekog sistema, terminologija, načela i definicije, korisni su koliko i štetni. Terminologija je nužna radi tačnog određivanja stavova, ali često pronosi i opskurnost i verbalizam. Opšta načela su nužna; inače sistem ne bi imao nikakvu polaznu osnovu niti cilj prema kome bi usmerio svoje napore. Ali, iz opštih načela se mogu izvući pogrešni zaključci, baš kao što se mogu formulisati pogrešne hipoteze, te iz njih izvesti neko opšte načelo. Tako je i s definicijama. I one su korisne zbog toga što nam omogućavaju da uočimo precizne ideje, a koje opet mogu štetiti poradi sofizama do kojih nas mogu dovesti.

No, da se preterano ne udaljujem od svoje teme, okončavam svoj pokušaj, ubeđen da bi je neko ko bi raspolagao s više vremena i sredstava realizovao preciznije i potpunije, i ponizno moleći Vašu Prečasnost da ovaj nesavršeni ogled izvoli primiti s blagošću i dobrotom.

Istorija umetnosti kod Grka do kraja Periklovog doba

Grčka je neosporno domovina umetnosti. S tog gledišta, njeno rađanje i njen razvitak u okrilju tog istančanog naroda mora privlačiti svačiju pažnju; ali, samo to stanovište ne bi moglo opravdati tako opšte interesovanje za istoriju umetnosti kod Grka ako filozofi, istoričari politike, psiholozi, ne bi u njoj takođe nalazili građu za razmišljanje; jer, ono što najpre bode oči jeste značajan uticaj kojega je umetnost imala na grčki narodni duh, da su zakonodavci, učitelji, ratnici i sveštenici bili nadahnjivani svojim istaknutim pesnicima, da su u političke i verske svrhe koristili besmrtna dela svojih skulptora, da je uticaj smisla za lepotu sezao sve do sreće pojedinaca, da su svi živeli i napredovali samo zahvaljujući njemu, da se on izražavao s nikada do tada niti posle dosegnutom snagom i širinom. Istina je da je kod Egipćana i Feničana umetnost dostigla izvesnu zrelost davno pre nego što mi nalazimo iole neki trag kulture u Grčkoj; ali, njen procvat je bio suviše kratak, stepen njenog savršenstva odveć izobličen uzgrednim veštinama da bi mogla da posluži kao model potomstvu. Istok nije bio sklon umetnosti, plastičkim umetnostima čak manje nego nekoj drugoj. Nasuprot blagoj Grčkoj, sasvim prirodno da je njegova žarka klima proizvodila pre karikaturalna tela i takve duhove. Orijentalizam teži čudesnom, ekscentričnosti: grčki genije ulepšava, senzualizuje. Isto tako, kada su Egipćani, došavši na Atiku pod Kekropom, oko 2026. godine, zatim Feničani, naseljeni 2480. godine pod Kadmom u

Beotiji, upozorili Grčku na svoju nadmoć, umetnost je već bila u klici. Imaginacija koja se, uopšte, prva razvija i uobraziljom i personifikovanjem nadoknađuje razum još suviše mlad da bi umeo potanje ispitati ne preterano duboke uzroke, daju ljudsku crtu egipatskom, istovremeno strašnom i uzvišenom verskom sistemu: slobodan i vedar, Grk nije mogao da se navikne na vladarske i ponekad opasne demone Orijenta, čiji strogo monarhijski karakter je, uostalom, razlikovno obeležje da li je vladar čovek ili demon. Telesna lepota koju su Grci pripisivali svojim bogovima predstavljala je deo njihovih nacionalnih preimućstava; dobro raspoloženje, pomešano s muževnom osionošću, koje su im pripisivali – bilo je, u stvari, njihovo; oni su im pridavali osetljivost na lepo, a zbog ljubavi prema lepom spustili su ih na zemlju, budući da su sudili polazeći od sebe, tako da su na sve stvari gledali kao na prirodne. Pa i njihovi junaci će biti deca bogova, a tako će se roditi i mitovi. Pesnici će požuriti da iskoriste tu mitsku građu; njihovi spevovi biće jedini izvor religije i poreklo njihove istorije; s tog razloga, među ostalima, bezgranično su ih poštovali. Grci će odsanjati svoga Orfeja, kao i svoga Herakla. Oslikaće podjednako dobro predivne učinke njegove lire, kao i divovske poduhvate svojih junaka. Orfej je bio, kao i Osijan, istovremeno junak i pevač. Sudelujući u pustolovinama svojih savremenika, Jasona, Kastora i Polideuka, Peleja i Herakla, mogao je da ispeva ekspediciju Argonautâ. Njegove himne, himna suncu, na primer, još su s pečatom orijentalizma, daleko sećanje na kult sunca i druge izvore istoga reda. Lin i Musej bili su njegovi učenici ili prijatelji. U svome nadahnuću, on im se često obraća. To su jedini poznati pevači antičke Grčke. Skulptura takođe počinje da se razvija u to doba. Dedal je rezao slike u drvetu. U vreme Pausanija, takvih je ostalo još nekoliko, pa spomenuti autor kaže da je iz tih slika, uprkos njihovom neuobličenom izgledu, zračilo nešto božansko. Jedan se od Dedalovih učenika zvao Endeja. Eginjanin Smilis, sin Euklesov, bio je njegov savremenik. Rana antika dozvoljava samo fragmentarni prikaz, pa i ti fragmenti su neizvesni. No, ostaci iz toga doba nam otkrivaju prve tragove estetskog naroda u nastajanju. Svuda je vladala sloboda, vedro junaštvo, čulna lepota, svesna sebe. Na to upućuje mesto što ga Vinkelman[1] navodi iz komentara Eustatija *ad Iliadem*

---

[1] *Winkelmanns Geschichte der Kunst des Alterth.*, I, deo, gl. 4, odeljak 1.

T. I pag. 1185, coll. Palmeri exercitationibus in auctores Graecos pag. 448, a po kojem su se nadmetanja u lepoti odigravala u Elidi, na obali reke Alfej, u doba Heraklidâ.

Ubrzo zatim je izbio Trojanski rat[1], tako plodan izvor nadahnuća za potomke. Prvi koji ga se poduhvatio bio je i najveći. Homer. U njemu su snage duše dostigle divnu silinu, a i celina uspostavila lepu ravnotežu. Njegov smisao za lepotu, njegovo čulo za uzvišeno, njegova mašta i njegova pronicljivost retko su nalazile ekvivalenta u Grčkoj, a na Zapadu je priroda, izgleda, pokazala jedan jedini put, tokom vekova, da je uvek nadmoćna. No, pravo na besmrtnost upućuje gotovo isto toliko na uslove u kojima on sastavlja svoje spevove koliko i na njegove spevove same. Njegovom smislu za lepo i uzvišeno nudi se rajski pejsaž Jonije, njegovoj mašti grčka religija i predanja, njegovoj pronicljivosti razni predmeti promatrani tokom njegovih putovanja. Karakteri, svetkovine, telesne vežbe, grčki politički režimi – sve je to doprinosilo da od Homera bude stvoreno jedinstveno biće. Ljudska, nacionalna strana njegovih spevova, koja ga izlaže prekorima novog naraštaja, izgleda da je bila jedan od glavnih uzroka kulta koji mu podigoše Grci, razlog poradi kojega su državnici i ratnici, umetnici i filozofi, izučavali njegovo delo, a i zato ga je taj narod, inače tako površan, slušao tako s voljom i svakad s ponesenošću. Malo je izvesnih stvari o njegovom životu dospelo do nas. Oslanjajući se na nepristrasna svedočanstva iz antike, Kepe[2] veruje da bismo mogli tvrditi da je njegovo rodno mesto Hio, ili barem kraj u kome je najduže boravio. Po istome autoru, živeo je u vreme jonske seobe ili 140 godine posle Trojanskog rata.

... sed proximus illi
Hesiodus memorat Divos Divumque parentes
Et Chaos enixum terras. Etc.[3] –

veli M. Manilije. Jedne je naivnost njegovog pevanja podstakla da pomisle kako je Hesiod bio stariji od Homera; drugi, poput Cicerona, procenjivali su da je Hesiod živeo stoleće kasnije. Većina se saglašava da na njega gleda kao na Homerovog savremenika. Na jednom tronošcu bilo je moguće od-

---

[1] Godine 2790.
[2] Köppe, *Über Homers Leben und Gesänge*, I. odeljak.
[3] Αϲρονμικων, libro secundo.

gonetnuti sledeći epigram: Ησιοδος Μουσαις Ελιχωνισι τον δανεδηκε υμνφ νικησας εν Χαλκιδι δελον Ομηρον.

Postoji li plemenitijeg suparništva od ovog koje suprotstavlja Homera i Hesioda? Najbolje što od potonjeg posedujemo jeste didaktički spev s naslovom: εργα και ημεραι. Svuda se u njemu nazire blaga duša, a predanje po kome su mu, dok je napasao stada svoga oca, muze dale da okusi lovor, izgleda nam razumljivo kada čitamo njegove tako tačne opise prirode koja mora da je veoma rano probudila pesničku darovitost u njemu i hranila ga do starijeg doba. Njegove maksime u mnogome nalikuju onima koje se nalaze među Solomonovim izrekama. Njegov stil je neuporedivo harmoničan. Tebanci mu podigoše bronzani kip, a drugi mu je postavljen u hramu Olimpskog Zevsa. Ostali njegovi spisi dospeli do nas su *Teogonija* i odlomak s naslovom *Heraklov štit*. Stoleće posle Homera i Hesioda[1], Likurg ih je, vaspostavljajući spevove Homera iz Jonije, uveo u Grčku. Iz njih je preuzeo znatan deo svojih *Zakona*.

Promiče drugo stoleće, podjednako škrto u delima i obaveštenjima kao i prethodno. Ali, u dobu smo olimpijada[2], koje nas snabdeva mnogim preciziranjima o antici. Olimpijske igre našle su znatnog odraza u umetnostima. Priroda je već uveliko doprinela lepoti telâ, a atletska nadmetanja pospešivala su njen procvat. Tada su grčki umetnici oblikovali svoj ideal muške lepote. Štaviše, njihova se delatnost proširivala zatim podizanjem kipova pobednicima. Smešteni na najsvetijim mestima, oni su privlačili narod koji je dolazio da odmerava ili hvali njihovu lepotu, što je za umetnika, kao i za atletu, bilo podjednako snažan podstrek.

U svojim *Fastis Atticis*, Korsinus navodi mnoge antičke majstore čija dela nisu ostavila nikakvog traga. No, njihovo ime i spominjanje njihovih radova dovoljno je da nam dočara ideju o važnosti umetnosti kod tadašnjih Grka. Iz vremena prve olimpijade, on citira Arktina iz Mileta i Eumela iz Korinta. Prvi je autor *Etiopide* i *Razaranja Ilija*. Izvesni ga smatraju za Homerovog učenika, a drugi za njegovog prethodnika, jer Dionisije iz Halikarnasa[3] kaže: παλαιωτατς ων ημεις ισμεν ποιητης 'Αρκτις. To se, verovatno, odnosilo jedino na temu o kojoj je reč. Eumelus je sastavio izvesnu Προσωδιον

---
[1] Godine 3100.
[2] Godine 3208.
[3] *Antiqq.* Libr. I Rom, pag. 55.

εις Δηλον, spev o pčelama, i *Europu*. Korsinus smešta u vreme šeste olimpijade Sirijca Antimaha, oslanjajući se na Plutarhovog *Romula*. Arhiloha situira u vreme petnaeste olimpijade, po Skaligeru koji beleži, ad *Questiones Tusculanas*, L. I, c. 1, da je taj pesnik živeo pod tiraninom Dionisijem, u Romulovo doba. Smrt je našao na polju časti; ubi ga izvesni Halondas. Izumitelj je jampskog stiha.

Počev od osamnaeste olimpijade otkrivamo još nekoliko obaveštenja o plastičkim umetnostima. To je vreme Bularha, prvog grčkog slikara za koga znamo. Vinkelman pretenduje, oslanjajući se na Plinija, da je jedna od njegovih slika, prikaz neke bitke, bila plaćena u zlatu onoliko koliko je teška. Do Trojanskog rata slikarstvo nije postojalo. Razumljivo je da je ta umetnost kasnija od skulpture; slikarstvo je udaljenije od prirode. Aristokle s Krita bio je, nesumnjivo, Bularhov savremenik. U Elidi se dizao Heraklov kip čiji je on bio autor.[1]

Vraćam se velikom pesniku, ratobornom Tirteju. Kad su zapodenuli rat s Mesenjanima, Lakedemonci zapitaše proročište u Delfima koga da izaberu za svog vojskovođu. Proročište ih uputi da se obrate Atenjanima. A ovi im, s podsmehom, ponudiše svoga hromog pesnika. Tirtej bi potučen u tri maha. Lakedemonci već odlučiše da povuku svoju vojsku, ali tada se Pesnik iskaza. Njegove pesme zanosno su slavile neustrašivost i ljubav prema otadžbini. Obuzeti, Lakedemonci se povratiše i izvojevaše odlučnu pobedu i, u znak zahvalnosti, dodeliše građanska prava velikom čoveku.[2] Od njega su nam ostale četiri ratne pesme. Pripisuje mu se pet tomova, i uz to niz elegija i maksima.

Nekako u to vreme je živeo i Arion iz Metimne[3]. On je pevao uz zvuk svoje lire; izumeo je ditirampski stih praćen rondoima. Terpander, verovatno njegov savremenik, postojećim četiri dodaje još tri žice na liri; za različite instrumente sastavljao je pesme koje su služile kao uzor, obogatio je pesništvo novim ritmovima, uveo život i akciju u himne namenjene muzičkim nadmetanjima. Notama je obeležio napeve Homerovih rapsodija.[4] Ovde ću spomenuti i podatak koji se tiče Terpandra, koji baca izvesno svetlo na grčki nacionalni duh toga vremena, naročito kad su pitanju Lakedemonci. Ovi podneše

---

[1] *Winkelm. Gesch. der Kunst des Alterth.*, 2. deo, str. 317.
[2] Justinus, Libr. V, cap. III.
[3] *Anacharsis*, 2. deo, str. 48. nem. prevoda.
[4] *Anacharsis*, 2. deo, str. 48. nem. prevoda.

tužbu protiv Terpandra, pod izgovorom da je njegov izum sedmožične lire naškodio jednostavnosti muzike, te ju je infantilizovao i učinio vragolastom. Zatim ga, ipak, ostaviše na miru i veoma oštro prebacivaše Timoteju koji je na sedam, najposle prihvaćenih žica dodao još četiri.[1] Po Korsinu, to je i doba Leska sa otoka Lezba i Lidijca Alkmana[2]. Potonji je došao u Mesoatu, lakedemonsku utvrdu, gde je bio rob izvesnog Agesita koji ga, pak, ceniše zbog njegovih darova. Oslobođen, on se usavrši u lirskoj poeziji. Uoči četrdesete olimpijade, Kleofant iz Korinta pođe, u društvu Tarkvinija Priska, u Italiju i Rimljanima pokaza grčko slikarstvo.[3] U vreme Plinija, u Lanuvijumu su još, od njegovih ruku sačinjene, bile jedna Atalanta i jedna Jelena.

Verovatno se u to vreme rodio i Ksenofan iz Kolofona.[4] On je zabeležio svoje pothvate. To je, bez ikakve sumnje, i vreme Mimnerma. Lefevr o njemu kaže: „S visokom verovatnoćom se može tvrditi da je on neka od svojih dela sastavio pod vladavinom velikoga Kira. Raspolažemo s dovoljno fragmenata ovoga pisca da bismo s pravom mogli tvrditi da je Mimnermo bio izuzetno nadareni duh i jedan od ukrasa antike, posebno kada je opevao ljubavne radosti. Njegovo pisanje je veoma prijatno; svuda se pojavljuje raskoš antičke Grčke. Bez napora se opaža da je Mimnermo morao imati znatne povlastice; u izvesnom pogledu moguće ga je porediti čak sa Ovidijem, osim što se Rimljanin izražava manje zgusnuto i bogato od Grka."[5]

Homerovi i Hesiodovi pokušaji u području epa i didaktičkog speva izgleda da ne vode poreklo iz kulture i originalnosti njihovih autora nego, pre, iz Homerovih i Hesiodovih hvalospevnih pesama. Tirtej, Arhiloh i Mimnermo očigledno predstavljaju izuzetak. Da li je pouzdano da su oni bili jedini? Ne bih se usudio da to tvrdim. Ali, evo, u Joniji, domovini pesnika, pojavio se novi par, na svoj način podjednako originalan, podjednako vatren i blag u mašti i osećanju, podjednako ponesen u svojim opisima, obrtima i izrazima, kao Homer i Hesiod: Alkej i Sapfo.[6] Poetska vrednost njihovih dela je

---

[1] Corsinus Fast. Att. T. III. Olympias 34.
[2] Corsinus Fast. Att. Tom. III. Olympias 30.
[3] *Winkelm. Gesch. der Kunst des Alterth.*, 2. deo, str. 321.
[4] Corsinus fast. Att. Tom. III. Olymp. 37.
[5] *Les vies des poètes grecs*, skratio M. Le Fèvre, s napomenama M. Relanda, u Bazelu, 1766, str. 41.
[6] Corsinus Fast. Att. Tom. III. Olympias 44.

potvrđivana tokom stolećâ, najistančanijim sudovima, među kojima je i Horacijev. Njegove pesme često evociraju plamenog Alkeja, nesrećnu Sapfo, kojoj on donekle duguje svoje formiranje. Većina kritičara i pisaca strogo su ocenjivali Sapfo. No, ko bi se danas usudio da takvu ženu optužuje za razvrat? Ne bi li je pre trebalo žaliti kada je, omalovažavanu od svoga naroda, napuštenu i prezrenu od strane Faona, vidimo kako beži iz svoje zemlje! Ona, čiji su darovi i kultura opravdavali sve zahteve, ona koja je nadilazila hiljade svojih savremenika, našla se isključena iz svih životnih radosti i, bez ijedne samilosne duše, uništena strašću i suparništvom nagnana da se sunovrati s vrha stene. Ne bi li joj se trebalo diviti što je umela, uprkos slamajućoj kobi, da pesmom osokoli svoj muževni i odvažni duh i opiše svoja osećanja s takvom silinom koja se ne da oponašati, precizno oživopisujući, poput nekog nepristrasnog posmatrača, i najmanji drhtaj svoje duše? Ne bi li joj se trebalo diviti pre negoli joj prebacivati poroke koji su joj klevetnički pripisivani, ukoliko nisu i sami bili nehotični izraz neke nesrećne ljubavi. Potomstvo ju je nazvalo deseta muza: mnoge joj antologije iznose pokloničku hvalu.[1] Oko 105. olimpijade, najčuveniji vajar toga doba, Silanijon, podigao joj je statuu. Alkejev život je takođe zanimljiv, jer je bio pun potresa i neprestanih preokreta, naročito u mladosti, koje treba pripisati njegovoj nepresušnoj ambiciji. Taj divlji čovek izaziva manje samilosti od nesrećne Sapfo. Alkej je tražio slavu i bio poražen; huškao je na pobunu i bio prognan. Šta da radi? Alkej je utehu našao u ljubavi i vinu. U plamenu mladosti sastavljao je ode protiv tirana; starenjem opamećen, opevao je bogove zadovoljstva, svoje ljubavne i ratničke pustolovine, svoja putovanja i izgnanstvo. Alkej s toliko žestine govori o bitkama i tiranima, s toliko zanosa, s koliko je Sapfo opisivala svoja osećanja. Jednak je s njome u vladanju anakreontskom nežnošću i grracioznošću. Može se reći da su klima i kultura njihovog zavičaja izvršile značajan uticaj na njihovu sudbinu, kao i na dela njihovog duha.

Dosad je u pitanju bila samo istorija Jonije. Sada dolazim do Atenjana da ih više ne bih ostavljao po strani. Dosad je u Grčkoj jedino cvala poezija, a i od nje samo izvesne vrste. Kod Atenjana umetnosti dostižu savršenstvo i raznolikost kakvu nijedan narod ni pre ni posle njih nije upoznao. Njihove tragedije, njihove ode i popevke, njihova skulptura i arhitek-

---

[1] Cephalae Anthol. graeca a Reiskio edita. Lips. 1754.

tura, njihovo slikarstvo, služili su kao ideal svim potonjim razdobljima. Svuda vidimo klice velikog doba kada sva njegova svojstva počinju da se razvijaju. Solon udružuje darove zakonodavca i pesničke talente. Solon[1] je želeo umetnost tesno povezanu sa odgajanjem naroda. On je propisao da nijedan besednik nema prava da uplivše na javne poslove a da prethodno njegov dotadašnji život nije bio potanko ispitan. On se zanimao i za Homera. Rapsodi su se često ponavljali, preuzimajući ono što se nalazilo na nekom mestu i uključujući ga u neko drugo, ili su sastavljali svoje delo služeći se različitim komadima nekog drugog; ukratko, obezobličavali su besmrtne pesme dotle da savršenstvo tih pesama nije bilo naodmet da bi njihova vrednost bila očuvana u očima naroda. Solon je zabranio takva krpljenja i proizvoljna ponavljanja. I tirani koji su ga nasledili takođe su brinuli o umetnostima. Poput Rimljana iz Augustovog vremena, oni su se služili tim sredstvom da bi odvratili pažnju naroda od političke situacije u zemlji. Ali, ne mari zbog namere. Pizistrat je sredio rasute Homerove pesme u poredak koji su one sačuvale do danas[2]. Ukrasio je Atinu hramovima, gimnastičkim prostorima i vodoskocima. Pod njegovom vladavinom preduzeta je izgradnja Zevsovog hrama, uzor arhitekture.[3] Fokilid, Esop i Teognid živeli su u njegovo vreme. Teognid je bio poreklom sa Atike, Fokilid iz Mileta. Od prvog raspolažemo još s nizom maksima, ali je didaktički spev koji se pripisuje Fokilidovom imenu verovatno od nekog drugog.[4] Esop je bio iz Kotijuma, u Frigiji. Rođen kao rob, samouko stiče saznanja o ljudima, osvaja univerzalnu mudrost koja odlikuje njegove basne. Zbog njegove darovitosti, neki filozof sa Samosa mu, najzad, daruje slobodu. Bio je, uostalom, stvoren za nju, jer je u čoveku video čoveka. Tiraninu Pizistratu govori gorke istine. Biće to one istine, nesumnjivo, zbog kojih će zaraditi mržnju Delfljana. Budući surovi, ubrzo će pronaći neki izgovor da ga bace s hridi.[5] Hiparh, Pizistratov sin i naslednik, predaje se umetnostima, u iste svrhe, sa istom usrdnošću i sa istim talentima kao i njegov otac. On stihuje kratke maksime, urezuje ih na stubove, nazvanim Hermesovi, podignutim na javnim trgovima. Na njegovu inicijativu, pesme koje je sredio njegov

---

[1] Godine 3413.
[2] Cicero, *de oratore.* Libr. III, § 33.
[3] Anacharsis, 2. deo, str. 285, nem. prevod.
[4] *Hambergers zuverlässige Nachrichten,* str. 110.
[5] *Hamberger.* str. 104. Corsinus Fast. Att., Tom III, Olym. 34.

otac recitovane su određenog dana tokom Sveatenske proslave.[1] Štitio je Anakreonta i Simonida. Anakreont je bio iz Teosa i živeo je na Samosu, na dvoru tiranina Polikrata. Hiparh ga je pozvao kod sebe; ali, posle tiraninove smrti, pesnik se vraća u svoj zavičaj i umire u 85. godini svoga vedrog života.[2] Svako zna u kom su duhu napisane njegove pesme. Simonid je bio didaktički pesnik iz Julide, na ostrvu Keos. Rođen tokom 55. olimpijade, umro je za 78. Čak i u starosti od 80 godina primio je još nagradu za pesništvo.[3]

I skulptorstvo je takođe dobilo na poletu pod Solonom. Postalo je sistematski idealno. Istančani, Grci nisu, poput Egipćana, mogli da se upute ka čudesnom i grotesknom da bi oblikovali svoje bogove i junake-bogove. Sva savršenstva ovih, rasejana po prirodi, oni će okupiti u celinu, i po toj slici oblikovati svoje bogove i junake, s tom razlikom što će prve odlikovati večanstveni mir, a kod drugih će se očitovati snaga. Tako skulptura poprima idealni karakter; ali, umetnici će ubrzo zapaziti koliko je idealni polet mašte sklon iščezavanju. Otuda će se oni potruditi da ustanove izvesna pravila, način na koji bi neki karakteristični element mogao biti izveden u skladu s njegovim odnosom prema celini, naime u skladu s proporcijama. I tek tada je skulptorstvo postalo sistematski idealno. Ali, nedugo zatim, učitelji i učenici će se odveć poslušno potčiniti tim pravilima, iz čega će proisteći izvesna uniformnost, tvrdoća obrisa i bezizražajnost u božanskim figurama, nedostatak prirodnosti u gestama, prenaduvana muskulatura junakâ. U Vinkelmanovoj *Istoriji antičke umetnosti*, na kraju četvrtog odeljka prvog poglavlja, nalazimo reprodukciju dela u kornalskom kamenu iz štoskog muzeja, koje prikazuje Peleja, Ahilovog oca, dok obećava sinovljevu kosu reci Sperhion u Tesaliji, bude li mu se sin vratio zdrav i čitav iz Troje. Nagnutom nad vodom, Peleju klize kapi s njegovih uvojaka. No, napregnutost tela je tolika, tetive tako zategnute, mišići dotle izbočeni, da se bojimo za junaka. Tom skulptorskom razdoblju pripadaju, po Pliniju[4], na prvom mestu Dipoen i Skilija, rođeni na Kritu oko 50. olimpijade. Oni su bili prvi koji su vajali u mermeru. Napustili su svoj zavičaj i našli se na Sikionu gde je pre njih ili po njihovom dolasku bila

---
[1] Anacharsis, 2. deo, str. 174, nem. prevod.
[2] *Hamberger*, str. 112.
[3] *Hamberger*, str. 129.
[4] *Hist. nat.*, Lib. 34, c. 4.

stvorena skulptorska škola. Oni će izvajati Apolona, Artemidu i Herakla. No, pre njih, kako kaže Plinije, na Hiosu su živeli skulptor s nadimkom Malas, njegov sin Mikijad i njegov unuk Antermo. Sinovi Antermovi, Bupal i Antermo, obojica čuveni umetnici, živeće u vreme kada je pala 60. olimpijada. Ta plemenita loza ubrajala je među svoje pretke umetnike koji su sezali sve do prvih olimpijada. Da bih skratio, zaobilazim nekoliko umetnika koji spadaju u taj period. Vinkelman[1] navodi mnoge prema Pausaniji. Tako se odasvuda priprema veliko doba kada će umetnosti, u Grčkoj, dostići gotovo nedostupni stepen savršenstva.

Dva mlada junaka, Harmodije i Aristogiton, biće prvi koji će se poduhvatiti veledela oslobođenja. Svako je bio ponesen neustrašivošću čina. Tirani su bili proterani ili ubijeni, a sloboda opet uspostavljena u njenom ranijem dostojanstvu. Tada Atenjanin postade u potpunosti svestan svoje snage. Umetnost, verna pratilja atenske veličine, znatno napredova. Rodiše se izuzetni majstori, i behu ubrzo premašeni još izuzetnijim učenicima. Eshil preradi tragediju, Sofokle je usavrši. Elad je bio uzor za Fidiju; a Agelad za Polikleta. Poliklet i Fidija behu majstori stolećima.

Ali, iznenada se oluja obruši na Grčku, i zapreti da u klici uguši rađajuću slobodu. Sa značajnom oružanom silom Kserks pređe Helespont. No, Grci učiniše čudo. Oholog Persijanca njihove male vojske toliko puta poniziše da se sa sramom morao vratiti u svoje carstvo. Grci se tada videše na vrhuncu svoje slave. Svaka od njihovih država divila se moći druge. Svaka je gledala da svoja savršenstva učini poželjnim u očima druge. A ta svoja savršenstva pretežno je videla u umetnostima, čineći i nemogućno samo da bi ih razvila do najviše tačke. Uostalom, ogromno se polje delovanja nudilo korišćenju njihovih snaga. Tokom 75. olimpijade, Atinu su uništili Persijanci. U času rekonstrukcije grada, živeli su umetnici Agelad i Onat, Agenor i Glaukija. Agelad je bio Polikletov učitelj. Kip u Elidi[2] koji je bio njegovo delo, predstavljao je Kleostena, pobednika na 66. olimpijadi. Dugujemo mu i jednoga Zevsa. Onat iz Egine isklesao je statuu Gelona, sirakuškog kralja, a Agenor kipove Harmodija i Aristogitona, oslobodilaca otadžbine, budući da su im Persijanci odneli one koji su im bili podignuti četiri godine posle ubis-

---

[1] *Gesch. der Kunst des Alterth.*, 2. deo, str. 317.
[2] *Winklemanns Gesch.*, str. 318.

tva tiranina. Glaukije iz Egine načini kip Teagena s Tasosa, koji je 1300 puta bio pobednik na grčkim igrama.[1]

Ništa saglasnije geniju Grčke ne bi tada od tragedije. Nema toga naroda koga ne mami izlaganje istaknutih likova, strasti, dela i događaja. Ali, religija, svetkovine, sloboda, dinamika i težina Grkâ, činila je ih prijemčivim na sve umetnosti, uključujući i tragediju. Procenjivanje nekog Eshilovog komada bilo je za njih podjednako važno koliko i neko političko savetovanje. Eshilov stil je, uostalom, potpuno saglasan naravi doba. Ni najravnodušniji čovek ne bi uspeo da se suzdrži od *divljenja* njegovom Prometeju; što se tiče toga da se bude *uzbuđen* njegovim komadima, to će biti možda manje obavezno. Njegovo izraz je grandiozan, uzdičen, ratoboran, kao što su i njegovi savremenici. Eshil dovodi na scenu 50 furija. Deca bi od njih pomrla od straha. Brojnost hora bila je zatim svedena na 15 članova. Eshil je bio i junak. Hvalom se obasipa njegova neustrašivost, i njegove braće, u bitki na Maratonu. Od njega nam je ostalo sedam tragedija. Rođen je u Eleusini, u Atici, za trajanja 63. olimpijade, a umro je za trajanja 78. Horacije veli o njemu:

> *Post hunc [Thespitem] personae pallaeque*
> *repertor honestae*
> *Aeschylus, et modicis instravit pulpita tignis,*
> *Et docuit magnumque loqui nitique cothurno.*[2]

Što Viland ovako prevodi:

> *Posle njega [Tespita], Eshil bi drugi ili*
> *pre istinski otac onoga što*
> *zaslužuje s pravom ime*
> *junačke igre, i izmisli masku*
> *i koturne, proširi pozornicu,*
> *oplemeni kostim i, što ponajviše jeste,*
> *dade pravi ton tragičkoj muzi.*

Dodajući: „Priznajem da iz obzira prema božanskoj seni Eshilovoj o njemu rekoh ponešto više od Horacija. Ali, to je *in animam Horatii*. Jer, gotovo bi i grešno bilo posumnjati u

---
[1] Winkelmann, 2. deo, str. 327.
[2] *Epist.* Libr. II, 3. v. 278–280.

njegovo poštovanje za Eshila, pa bezobzirno smestiti pesnika Eumenidâ i Agamemnona na isti pedalj s Tespitom." Besednik Gorgija bio je Eshilov savremenik. U Delfima mu je bila podignuta statua.[1] Ali, sada srećemo čoveka zbog kojega bismo gotovo mogli zaboraviti sve što mu prethodi. To je *Pindar*. Mi mu se divimo, Grci su ga obožavali. Njegov bronzani kip, opasan dijademom, nalazio se u atinskoj kraljevskoj galeriji. U Delfima se kao relikvija pazilo sedište koje je zauzimao kada je opevao Apolona. Platon ga naziva čas božanskim, čas najmudrijim. Govorilo se da je Pan pevao njegove pesme u gajevima. A kada je osvajač Aleksandar rušio Tebu, pesnikovo rodno mesto, on poštedi kuću koja je nekad bila Pindarova i uze pod svoju zaštitu njegovu porodicu. Rekao bih da je njegova Himna vrh pesničke umetnosti. Epski spev i drama ima više raspona, ali ono što je bez premca u Pindarovim himnama, što iziskuje toliko energije i napora od strane čitaoca u čijoj se duši otkriva njihova moć, jeste da je on s takvom konciznošću i zbijenošću združio epski opis i tragičku strast. Pindar je, izgleda, napisao mnogo; mi raspolažemo kao kompletnim samo himnama u kojima se veličaju pobednici grčkih igara. Za njegovog oca se smatra da je bio frulaš, pa se kaže da je i pesnik poznavao tu umetnost. Pitagora je bio njegov omiljeni filozof. Umro je otprilike 81. olimpijade.

Dovoljan je bio samo jedan čovek s nizom čudesnih sposobnosti u isti mah, pa da ponese Grčku do najvišeg stepena kulture. On dođe, a s njime zlatno doba umetnosti. Obdaren svim talentima, prožet svim strastima koje će ubrzo ispuniti sve što je predstojalo da bude ispunjeno, pojavio se Perikle. Proživeo je mirnu mladost, usredsređen na sebe, ali su utoliko moćniji bili projekti koje je obrađivao njegov mladalački duh. Obdaren retkom prirodnom rečitošću, on se potrudio da taj dar usavrši do krajnosti. To je učinio sa određenom namerom. Svoje je telo očvrsnuo fizičkim vežbama, odnegovao je i oplemenio svoj duh izučavanjem filozofije. I to u skladu sa svojim odvažnim planovima. Fizički je potpuno nalikovao Pizistratu, i po moralu bio s jednakom ambicijom, sa istom spretnošću, i istom sklonošću da pomno planira. Zatim započe kao besednik, ali izgleda bez ikakve pretenzije, iz puke nužde. Narod mu je laskao. Predlagali su mu najvažnija ug-

---
[1] Cicero, *De orat.*, Libr. III. cap. 32.

lednička mesta; posle izvesnoga kolebanja, zacelo iz političke skromnosti, on ih prihvati. Njegove šanse da zadobije apsolutnu vlast bile su najbolje: priroda ih je podržavala. Rodila je *genije* koji su, bez ikakve intervencije s njegove strane, do krajnosti podstakli ushit Grkâ umetnostima, a taj je ushit obezbedio Periklu uspeh. No, to prelazi okvire moga ogleda. Sofokle je tako sjajno sledio tragove svoga učitelja Eshila da ovaj u tome vide pretnju svojoj slavi. Sofokle je bio Atinjanin, telesno i duhovno tanano skrojen, učitelj plesa i muzike. Kao šesnaestogodišnjak, pevao je uz zvuke svoje lire, izvodeći i plešući pred Atenjanima prizore iz njihove pobede na Salamini, i svako je bio zaveden. U dvadeset i petoj godini, predstavio je narodu svoju prvu tragediju, a s dvadesetom odnese nagradu. Zahvaljujući nagradi za svoju *Antigonu*, dobio je upravu na Samosu; poštovanje Atenjana prema velikom pesniku išlo je dotle da ga učiniše Periklovim pomoćnikom na najistaknutijem mestu u državnoj vlasti. Umro je u devedeset i petoj godini života, od radosti izazvane pobedom jedne od njegovih tragedija. Kao što se Eshil nadahnjivao svojom ratničkom decenijom, Sofokle je izražavao odnegovani duh svoje epohe. U pitanju je mešavina dične muževnosti i ženske nežnosti, taj čisti stil, dobro odmeren a ipak ponesen i topao, svojstven Periklovom dobu. Strast, uvek vođena dobrim ukusom. Sofokle se smešta između Eshila i Euripida. Potonji je već ženstveniji, senzitivniji.

Sada stižem do skulpture u vreme Perikla. Osim Pausanije, Plinije je jedini koji nam je o tome rekao nešto određenije. Prvi, najveći umetnik svih vekova koji su mu prethodili i onih posle njega, jeste Fidija. Odrastao je pod okriljem svoga učitelja Elada. Sistematska strana svojstvena Eladu, kao i svim njegovim savremenicima, oštri obrisi koje su smatrali uzorom, bili su za Fidiju škola preciznosti koja ga je pripremila za savršenstvo. No, njegov genije će ubrzo zapaziti da je to naročito sputavalo učinak što ga je proizvodila njegova umetnost; otuda je oštre obrise prihvatao samo da bi zauzdao ideal svoje mašte. Ali, taj ideal je zračio neposredno iz stvaralačke duše. Bio je lišen tih kvrga koje su, premda kadre da istaknu izraz slike, uništavale plemenitu jednostavnost, posebnu dostojanstvenost skulpturalnog dela. Takav je bio njegov Zevs. Ne neki mahniti Zevs: pomama je prolazna, slika ostaje za večnost takva kakva je uobličena. Pomama izobličava: slika Grka mora ostati lepa, obeležena najvećim zamislivim dostojanstvom. Pod Fidijinim rukama, mahniti Zevs postade tako ozbiljni Zevs. Veličanstveni spokoj odlikuje božansku figuru. Perikle je znao da proceni velikog čoveka. U to vreme, sve divnije atinske statue bile su podignute pod Fidijinim rukovodstvom. Među ostalim njegovim remek-delima, najmagistralnija je jedna Atena. No, to delo bi i uzrok njegove žalosne smrti. Nije ni najmanje neobično da je Perikle imao neprijatelje; ali, ma kako bili moćni i brojni, nisu se usuđivali da ga napadnu frontalno. Njihova mržnja pade na zaslužne ljude, njegove prijatelje i miljenike. Fidiju optužiše da je sklonio deo zlata namenjen ukrašavanju Ateninog kipa; veliki se čovek opravdao, ali zbog toga ne umre manje u lancima. Njegovi najčuveniji učenici su bili Alkamen iz Atine i Agorakrit s Parosa. Prilikom takmičenja, obojica su isklesala Venerin kip. Alkamen odnese nagradu ne po zasluzi, već zato što je bio iz Atine. Agorakrit, hoteći da se osveti za pristrasnost sudija, prodade svoju statuu Ramnontu i nadenu joj ime Nemeze. Među najčuvenijim ljudima Plinije spominje, na drugom mestu, Polikleta od Sikiona. Njegov učitelj je bio Agelad. Poliklet je stvorio tako čudesan, tako savršenih proporcija kip, da ga zadivljeni umetnici nazvaše Kanon. Treći je Miron sa Eleutere, posebno glasovit po svojoj kravi. Četvrti je Pitagora od Regijuma, peti – Pitagora Leontinac. Njih dvojica, prilikom takmičenja, pobediše Mirona. Leontinac je bio prvi po reljefnoj izradi tetiva i žila i najtačnije je reprodukovao kosu. To doba je i doba Skope. Posle njegove smrti, tokom idućih vekova, njegova Venera se otimala oko prvoga ranga sa onom Praksitelovom. Biće to on koji je oblikovao, u saradnji s trojicom mlađih umetnika, Brijakom, Timotejom i Leokarom, koji živeše u razdoblju 95. olimpijade, čuvenu grobnicu Mausoleja, kralja Karije. No, to prelazi Periklovu eru, dok još ima toliko da se kaže o slikarima toga razdoblja, kao što su Pamfil, Polignot i ostali, a mesta već nema. Stoga i preskačem sledeći, tako plodan period, a koji se prostire sve do Aleksandra Velikog. Dovoljno je evocirati imena Euripida, Demostena, Praksitela, Lisipa, Menandra, Apela, Zeuksida, kao i poslednje delo, najdivnije u tome vremenu, Laokoona, koje – došavši i posle niza drugih proizvoda Rimskog carstva – ne posvedočava manje u kojoj je meri umetnost još bila u cvatu pre negoli će utonuti u obezličenje za vreme i posle Ptolemejâ, da bi izdahnula na duže.

IV

JAKOBIJEVA PISMA O SPINOZINOM SISTEMU

1. Lesing je bio spinozista. Nisu ga zadovoljavale pravoverne koncepcije božanstva. Nije mogao da ih preboli. Εν και Παϖ! Iz toga nije izbijao. Ako je trebalo da se na nekoga pozove, to je mogao biti jedino Spinoza. Kada ga je temeljno upoznao, nije imalo više šta da se radi. Potpuno se s njim sprijateljio. Po njemu, nije bilo druge filozofije osim Spinozine. *Da bi bio konsekventan, determinista mora biti fatalista*; ostalo dolazi automatski. – Duhovnost Spinozina bila je, bez ikakve sumnje, veoma stara: *a nihilo nihil fit*. Spinoza je smatrao da je, u najapstraktnijem smislu, svako stvaranje u konačnom, da svaka promena koja se u konačnome odigrava uspostavlja *nešto* što dolazi iz *ničega*. Odbacivao je, dakle, svaki prelaz iz beskonačnog u konačno. On ga je supstituisao nekim imanentnim ensofom[1] – kojeg nije određivao ni kao uzrok sveta, ni kao razum, niti kao volju. „U odsustvu objekta, naime, nema ni volje ni razuma. A usled transcendentalnog jedinstva i apsolutne beskonačnosti prvoga uzroka, ne postoji *objekt*. Obrazovati pojam pre njegovog objekta, imati determinisanu volju pre nego što bi išta postojalo na šta se ona odnosi, jeste apsurd."

Nužno je, dakle, prihvatiti beskonačan lanac posledica. „Prigovor po kome je beskonačan lanac posledicâ nemogućan – pobija sam sebe, jer svaki lanac, ako ne sme da proizilazi iz ničega, jeste naprosto beskonačan lanac, *indeterminabilis*. Osim toga, nije reč o jednostavnim posledicama, jer inherentni uzrok je uvek svugde. Štaviše, ideja o konsekvenciji i trajanju samo je privid: tek je forma kojom se služimo da bismo razmatrali mnogostruko u beskonačnom.

2. Jakobi veruje u personalni umni uzrok sveta. Spinozine prigovore poznaje tako jasno da izgledaju kao da su njegovi. No, on se iz neprilike izvlači napadajući jedino glavni deo Spinozinog *pozitivnog* sistema. Iz fatalizma zaključuje neposredno protiv fatalizma i svega onoga što mu pripada. „Ako samo postoje eficijentni uzroci, a nikakav finalni uzrok, onda se uloga mišljenja svodi u celoj prirodi na ulogu posmatrača. Njegova jedina funkcija se sastoji u praćenju mehanizma delatnih sila. A emocije nikako ne deluju, u meri u kojoj obu-

---

[1] Neologizam od grčkog *(prev.)*.

hvataju osećanja i misli. U osnovi, pak, mi smo pokrenuti *nečim* što ne poznaje celu demonstraciju i što je, kao takvo, apsolutno lišeno osećanja i mišljenja. Osećanje i mišljenje samo su pojmovi prostiranja, kretanja, stepena brzine, itd." *a*) No, Lesing primećuje da se jedna od ljudskih predrasuda sastoji u gledanju na mišljenje kao na primordijalnu stvar, najplemenitiju, i u htenju da se sve izvede iz nje, budući da sve, uključujući i predstave, zavisi od viših načela. Postojala bi neka viša sila, beskonačno savršenija od ove ili one posledice. Moguće je da postoji neki način uživanja te sile koja ne samo da bi prevazilazila svako poimanje, nego bi potpuno bila situirana *izvan* poimanja. To ne bi ukidalo njenu mogućnost. – Istina je da je Spinoza uviđanje stavljao iznad svega, ali jedino u meri u kojoj ono sazdaje *za čoveka*, konačno i determinisano biće, sredstvo nadmašenja njegove konačnosti. Daleko smo od toga da naš jadni način delanja po intencijama smatramo za vrhunsku metodu, i da mišljenje smeštamo na najvišu ravan. *b*) Jakobi je priznavao da nije kadar da sebi dočara zadovoljavajuću ideju o božanstvu koje bi bilo izvan sveta, priznavao je da Lajbnicova načela ne poništavaju ona Spinozina. Monade, uključujući tu i njihove *vincula*, kaže on, ostavljaju ga u istome neznanju koje je, pre toga, imao o prostornosti i mišljenju, o *stvarnosti* uopšte. On ne zna na koju stranu da se okrene; nekako ima više utisak da upravo nešto gubi.

Uz to, Lesing mu je pomogao da kod Lajbnica vidi izvestan očito *spinozistički* pasaž. Tamo on kaže da *Bog jeste večno širenje i skupljanje. I to objašnjava stvaranje i stalnost sveta*. I Jakobi otkriva da nijedan sistem, koliko je to slučaj s Lajbnicovim, ne koincidira toliko sa spinozizmom. 1) Mendelson je, veli, nepobitno pokazao da je *harmonia praestabilita* figurirala kod Spinoze; 2) njihovo učenje o slobodi je, u osnovi, isto, a ono što razlikuje međusobno njihove teorije tek je varljivi pričin.

Spinoza ilustruje naše osećanje slobode primerom kamena koji misli i koji zna da bi hteo produžiti svoje kretanje koliko god je za to sposoban. *Ep. LXII. Op. Posth., str. 584 i 585.*

Lajbnic istu stvar objašnjava primerom namagnetisane igle koja žudi da se usmeri prema severu, i koja veruje da se obrće nezavisno od bilo kakvog uzroka, ne opažajući neprimetno kretanje magnetske materije.

Finalne uzroke Lajbnic objašnjava onim što naziva *appetitum*, to jest *conatum immanentem (conscientia sui praeditum)*. U tome bi smislu i Spinoza mogao u potpunosti da ih prihvati; a za njega *predstavljanje spoljašnjeg sveta i apeticija* sazdaju suštinu duše.

Kod Lajbnica, kao i kod Spinoze, svaki finalni uzrok pretpostavlja neki eficijentni uzrok. Misao nije izvor supstance, nego je supstanca izvor misli.

Jakobi odustaje od filozofije koja iziskuje totalni skepticizam. Spinozu voli zato što je, više nego ijedan drugi filozof, umeo potpuno da ga ubedi da izvesne stvari ne mogu biti izložene: pred kojima otuda ne treba zatvarati oči nego ih primati takve kakve jesu.

Najveća zasluga mislioca u tome je da raskriva i otkriva ono što postoji. Objašnjenje je sredstvo, put prema cilju, utok koji ustupa mesto drugom utoku, i nikada nije poslednji utok. Njegov poslednji utok je ono što ne može biti objašnjeno: ono što je nerešivo, neposredno, prosto.

Postoji prirodno stanje mašte...

Ovaj tekst, u ranijim nemačkim izdanjima poznat pod naslovom *Zakon slobode*, nastao je, po Fridrihu Bajsneru, najkasnije tokom novembra 1794. godine.

Hermokrat Kefalu

Nezavršeni ogled, *Hermokrates an Cephalus*, u epistolarnom obliku, koji je, kako se pretpostavlja zajedno sa sledeća dva, napisan u Jeni, tokom 1795. godine. Kurt Hildebrant iznosi mišljenje (vid. *in* Kurt Hildebrandt: *Hölderlin, Philosophie und Dichtung*, 1939) da bi Kefalus mogao biti Šeling, tada još prilježni Fihteov učenik. Helderlin odbija svaki dogmatizam koji pretpostavlja teorijsko okončanje filozofije. Zalaže se, ipak, polazeći od svoje estetske koncepcije, za to da su bivstvovanje i lepota shvatljivi ako se oslonimo o estetsku intuiciju. Elemente ovoga ogleda, kao i očite tragove takvog Helderlinovog mišljenja, zatičemo i u jednom pismu upućenom Šileru 4. septembra 1795. godine, kao i u zamisli za predgovor *Hiperionu*.

O pojmu kazne

Odlomak, o kažnjavanju, o kome se veoma malo zna. Mogućno ga je, premda za to osim interpretativnih drugih dokaza nema, povezati s razmišljanjima Žan-Žak Rusoa iznetim u njegovom *Emilu ili o vaspitanju*, delu koje je Helderlin više nego naprosto čitao.

Sud... i Biće...

Ova dva u izvornom rukopisu objedinjena zapisa o sudu i biću (*Urteil und Sein*) bliska su Helderlinovim nagoveštajima u pismima upućenim Hegelu (26. januara 1795. godine) i Imanuelu Nithameru (24. februara 1796. godine), koji je (Immanuel Niethammer) u Jeni izdavač časopisa *Philosophische Journal*. Nesumnjivo su nastali do početka 1795. godine, kada su ispisani u Jeni. Mogući odjek na njih otkrivamo kod Šelinga, u drugoj od rasprava napisanih tokom 1796/97. godine kao objašnjenje idealizma u *Učenju o nauci*:

Jedini primer za apsolutni identitet predstave i predmeta nalazimo, dakle, u sebi. Jedino što je neposredovano, a tek time takvo može biti sve ostalo, saznato i razumljeno, jeste Ja u nama. U slučaju svih ostalih objekata sam prisiljen da pitam čime je biće istih posredovano u mojoj predstavi. Ali, ja nisam, pak, prvobitno za neki saznajni subjekt izvan sebe, poput materije, nego sam prisutan za sebe samog, u meni je apsolutni identitet subjekta i objekta, saznavanja i bivstvovanja. Pošto ja sebe drukčije ne spoznajem nego kroz sebe samog, onda je besmisleno od Ja iziskivati i neki drugi predikat osim predikata samosvesti. Upravo u tome se sastoji suština nekog duha, da on osim samog sebe nema nikakav drugi predikat za sebe. (Prevod J. A.)

Navedeno mesto se tumači kao da je upereno protiv Fihtea, ali – po Bajsneru – to izgleda da je okrenuto pre protiv Helderlinove koncepcije koju je Šeling nesumnjivo poznavao. Takvom viđenju, za pravo bi mogla dati Šelingova formulacija: „... u meni je apsolutni identitet subjekta i objekta, saznavanja [tj. suda!] i bivstvovanja." – Helderlinov dvostruki zapis, o kome je ovde reč, mogao bi se, sa svoje strane, tumačiti i kao kritičko reagovanje na mesto s početka Fihteovog *Zasnivanja ukupnog učenja o nauci*, bez obzira što se Fihteu, kao i Helderlinovi prijatelji iz studentskih dana, Šeling i Hegel, sam Helderlin, na početku svog duhovnog putovanja, neosporno divio. Po Fihteu, relacija subjekt-objekt je takva kakva naprosto jeste, bez suvišnog posredovanja, i kaže: „*Ja* je nužno identitet subjekta i objekta." Dok je za Helderlina samosvest mogućna jedino zahvaljujući protivstavljanju, dakle razdvajanju. Identitet nije jednak apsolutnom biću. Što se tiče Šelinga, Helderlinu je bilo jasno da se u mnogo čemu s njim ne slaže.

Snevao sam...

Epistolarno oblikovani tekst koji je zatečen nenaslovljen, pa se u nemačkim izdanjima uobičajilo da bude objavljivan s naslovom: *Kaliji*. Inače, potiče još iz razdoblja autorovog boravka u Frankfurtu, i da se zamisliti kao pokušaj namenjen časopisu što ga je Helderlin, u Homburgu, želeo pokrenuti. Sudeći po ortografskim osobenostima, istraživači su utvrdili da je napisan najkasnije tokom 1795. godine. Mogao bi se smatrati i kao predradnja za *Hiperiona*, mada su imena drukčija (u romanu se ne pojavljuju Kalija i Glicera nego Belarmin i Melita ili Diotima). Ime Kalija se pojavljuje u Platonovom dijalogu *Protagora*, ali se spominje i u nekim drugim spisima.

„Genije iz Meonije" je aluzija na Homera, čiji su rodni grad, Smirnu, u Lidiji, nastanjivali Meonci, pa su ga pesnici zvali Meonija. Uz to, postoji predanje po kome je Homer – sin Meonov, te bi mu ime bilo Meonid. Mesto o Ahilu i Diomedu, koje se u tekstu prepričava, potiče iz *Ilijade* (10,465-10,579). Zanimljivo je da je u rukopisu, između dva završna pasusa teksta, ispisan citat iz Rusoove *Nove Heloize* (I deo, 9. pismo): *Votre lettre vous dément par son style enjoué; et vous n' auriez pas tant d' esprit si vous étiez moins tranquille.* Da li bi to trebalo shvatiti kao svojevrsnu autorovu samokritiku?

Odlomak filozofskog pisma

Ovaj se odlomak, sada u kritičkoj verziji kao konstituisani tekst, u ranijim izdanjima pojavljivao pod naslovom *O religiji*. Do nas je dospeo pun rupa i bez bliže određenog datuma nastanka. Njegov se projekt spominje već u Helderlinovom pismu Hegelu, 26. januara 1795. godine: *Dugo se nosim već s problemom ideala nekog narodnog vaspitanja, a pošto se ti upravo baviš jednim delom istog u religiji, tvoju sliku i tvoje prijateljstvo sam izabrao možda za conductora svojih misli u spoljašnjem čulnom svetu, i pišem ono što bih kasnije možda trebalo da napišem*, u pogodnijem vremenu, *u pismima tebi ko-*

je ti valja da prosudiš. Da li je ovaj *Fragment philosophischer Briefe* možda bilo jedno takvih Hegelu spomenutih pisama? Drugo bi moglo biti *Hermokrat Kefalu* (vid. ranije u ovoj knjizi), obraćanje koje je vremenski čak prvobitnija postavka za taj pretpostavljeni niz filozofskih pisama. Bio ih je, po svemu sudeći, obećao Nithameru kao uredniku filozofskog časopisa u Jeni, jer mu, čim je prispeo u Frankfurt, javlja (24.februara 1796. godine) da još nije u mogućnosti da mu ih pošalje. Kaže. „U filozofskim pismima hoću da nađem načelo koje bi mi objasnilo razdvajanja u kojima mislimo i egzistiramo, ali ono bi trebalo da omogući i iščezavanje sukoba između subjekta i objekta, između našeg sopstva i sveta, pa i između uma i otkrovenja..." Stalo mu je, veli, do „estetskog smisla", te namerava da svoja pisma nazove „Nova pisma o čovekovom estetskom vaspitanju", čime neposredno aludira na Šilerova *Pisma o estetskom vaspitanju čoveka,* koja su se samo godinu dana ranije pojavila u *Horen.*

Kada u pismu bratu (4. juna 1799. godine) pravi reminiscencije na *Odlomak filozofskog pisma,* sam projekt već odavno postoji... Na praznim stranama nepotpune i oštećene sveske u kojoj je *Odlomak* zapisan, Helderlin pravi nacrte za niz svojih oda, među kojima je i ona koja će biti nazvana *Pesnikova odvažnost,* tako da više nego slutimo vezu tih oda sa središnjom mišlju ogleda, mišlju o, kako će to reći u pismu bratu, *izlaganju ideala sveg ljudskog društva.*

Sedam maksima

Smatra se da su ove *Maksime,* u datom obliku, bile namenjene časopisu. Do Zatlera, priređivača kritičkog izdanja Helderlinovog dela, važio je naslov koji je potekao od Bajsnera: *Refleksija.* Kada je Helderlin tekst prepisivao učisto, očito je namerno malo izmešao teme. Postoji mogućnost da aforistička forma teksta vodi poreklo iz Helderlinovog čitanja Novalisa i, naročito, *Fragmenata* Fridriha Šlegela. Na listu na kojem završava poslednja maksima, počinje olovkom pisani nacrt za elegiju *Ahil,* za koju se, pak, zna da je nastala u proleće 1799. godine. Srodne refleksije, o teškoći zajedničkog življenja, te o umetniku i umetnosti, nalazimo i u Helderlinovom pismu Nojferu (Christian Ludwig Neuffer), od 12. novembra 1798. godine.

Ali mudraci

Ovaj fragment je nađen u prvom nacrtu za *Empedokla*, gde prekida monolog koji započinje rečima *O, Jupitere Oslobodioče*, ali je očigledno napisan ranije nego ovaj. Samo na osnovu takvih pozicija među ostavštinom, teško je nešto pouzdanije reći, utoliko pre što ni papiri koje je pesnik koristio nisu bili od jedne vrste: Helderlin je imao, kada je o papiru reč, između ostalog, podeblji konvolut (svitak namenjen pretežno radu na *Empedoklu*) sastavljen od raznovrsnog papira. Pa ipak, istraživači se usuđuju da ovaj fragment datiraju u vremensku blizinu spomenutom nacrtu, te je on navodno nastao u proleće 1799. godine. Ta mogućnost implikuje da je postojao neki sada izgubljeni, ili bar tek zamišljeni tekst, možda o formi poetskog razlikovanja i protivstavljanja, koji je bio izričito uperen protiv spekulativnog idealizma u Helderlinu savremenoj filozofiji. Otuda i nailazimo na mišljenja da je sam fragment, nacrt opet za neku maksimu, verovatno sročen protiv Šelinga.

Epistolarni odlomci o Ahilovom karakteru

Prvi od ovih *Brieffragmente* o Ahilu nađen je tamo gde i nacrt *Ali mudraci*, naime u konvolutu namenjenom za *Empedokla*, i samo se zbog tematske blizine smešta i u vremensku blizinu drugom odlomku. Ovaj, pak, jeste u nesumnjivoj sprezi sa elegijom *Ahil*, čiji prvi nacrti padaju u proleće 1799. godine. Otuda se operiše čak s pretpostavkom o septembru 1789. godine, posle rastanka s Diotimom (Suzet Gontard). Osećamo da je Helderlinova privrženost Ahilu subjektivne prirode. No, i objektivne je, zbog složenog izazova samog Ahilovog „karaktera", njegovih unutrašnjih protivrečnosti. Što se tiče epistolarne, pismovne forme odlomaka, razumljivo je da je ona tek književni izbor, nikako znak neke privatnosti. Odlomci su, očigledno, deo većeg projekta na kome Helderlin mora da je duže vreme radio, i oba su bila namenjena časopisu o čemu se i govori u pismu Nojferu, od 4. juna 1799. godine.

Iz programskog nacrta za časopis Iduna

„Na pameti mi je da izdajem jedan pesnički mesečni časopis", tako 4. juna 1799. godine piše Helderlin, iz Homburga (gde se našao posle napuštanja Frankfurta, zahvaljujući neobičnom Isaku Sinkleru, i bio postavljen za dvorskog bibliotekara), prijatelju Nojferu (koji je bio takođe urednik jednog časopisa s kojim je pesnik sarađivao), 4. juna 1799. godine. Planirani časopis nikada nije izišao, iako je Helderlin mnogo šta pokušavao, pa čak i pisao (pismo je sačuvano) štutgartskom izdavaču Štajnkopfu (Johann Friedrich Steinkopf). U tom pismu, od 18. juna iste godine, zatičemo obrt, iz sačuvanog nacrta, o „časti prirodnog produkta", koji se odnosi na pesmu. Časopis bi trebalo da vrati pesmi njenu „čast prirodnog produkta", a donosio bi, između ostalog, *oglede o poeziji uopšte, o jeziku, recitovanju, pesničkim vrstama, o genijalnosti, osećanju, fantaziji itd., o određenim pesmama i njihovim autorima.* Časopis je, po zamisli izloženoj u tom pismu, trebalo i da sjedini i izmiri nauku sa životom, umetnost i ukus s genijalnošću, srcem, razumom, stvarno sa idealnim... Zamišljeni naziv nesuđenog časopisa, *Iduna*, zapravo je po imenu večno mlade boginje iz nordijske mitologije, venčane s Bragom (ili Bragijem), bogom pesničke umetnosti. Iduna se brine o zlatnoj jabuci koja održava bogove mladim. Kristof Teodor Švab (Christoph Theodor Schwab), jedan od prvih pesnikovih životopisaca, još kao mlad izdao je, 1846. godine, Helderlinova dela i, ne navodeći svoj izvor, spominje još dva naziva za časopis oko kojih se pesnik navodno dvoumio: *Hebe* i *Symposium*...

Sudimo li po mogućnim aluzijama iz datog fragmenta, Helderlinov časopis je trebalo da bude na suprotnoj strani od časopisa *Athenäum* kojeg su vodili i u kome objavljivali nemački romantičari, prvenstveno Fridrih Šlegel. Helderlin je, izgleda, pokušavao da replicira aforističkom stilu romantičara.

Stanovište s kojeg valja da gledamo na antiku

I ovaj je nacrt iz Helderlinove grčke poetike bio namenjen da, po završavanju, bude poslat časopisu. Problematizuje se odnos Grčke i Zapada, hesperidskog kraja. Gotovo da je pred nama mali uvodni program za Helderlinov istraživački rad o rečenom odnosu i pravim određenjem njegovih članova. Kad je čovek Zapada, pesnik ne mora više, poput Helderlinovog junaka Hiperiona, da bude opterećen grčkim savršenstvom. Sada mu se nudi drukčije, pristupačan mu je drugi put. U saglasju sa ovim nacrtom je i Helderlinova pesma *Mladom pesniku*, kao i pismo Šileru, od 20. juna 1797. godine. U doba nastajanja nacrta, polovinom 1799. godine, Helderlin istu problematiku izlaže i u pismu bratu, 4. juna 1799. godine.

Zapisak o Homeru

Zapisak, očigledno epistolarni odlomak, zatečen je na margini *Stanovišta s kojeg valja da gledamo n antiku*. Opširnije o pitanju epskog žanra govoriće Helderlin u tekstu o različitim načinima u pesništvu. Gotovo računarski će se baviti i pitanjem alternacije tonova u pesništvu i razvijati njenu formulu. Međutim, zapisak je, nastavši u rano leto 1799. godine, bilo produktivno jezgro iz kojega će proizići tekst *Reč o Ilijadi*, a tek iz ovoga, opet, *O različitim načinima u pesništvu*.

Reč o Ilijadi
O različitim načinima u pesništvu

U *Reči o Ilijadi* nalazimo gotovo svojevrsni psihološki pogled koji će biti osnova za razlikovanje ljudskih „tipova" izvan koje ne bi bilo baš lako razumeti oglede koji slede posle ovoga i koja će u njima biti naširoko primenjena na poeziju. Tako će u idućem tekstu *O različitim načinima u pesništvu*, koji se i doslovno preplićes *Reči o Ilijadi*, u rukopisu s mnogim korekcijama, razlikovanje tri ljudska tipa biti preneseno na razlikovanje „tonova" u pesničkom delu koji su, opet, podvrgnuti zakonu smene, alternacije, recipročnog odnosa. Epskoj pesmi je, tako, na primer, svojstven „prirodni", „naivni" ton itd...

Tekstovi o kojima se govori napisani na istoj vrsti papira koji je prvi put korišćen, za pisma, tek u pozno leto 1799. godine. Oba bi ta teksta, skupa sa *Zapiskom o Homeru*, mogla biti tek delovi velikog projekta kojeg autor naziva „pisma o Homeru". Mora da je o tome planu govorio u nekom od izgubljenih pisama Suzeti Gontard (početkom jula 1799), budući da ova, 18. avgusta iste godine, pita: „Hoću li ipak još videti Tvoje napomene o Homeru?"

Otadžbina u hropcu...

Nacrt koji počinje rečima *Das untergehende Vaterland*..., među izdavačima tradicionalno naslovljen kao *Postajanje u nestajanju* (*Das Werden im Vergehen*), nalazio se među Helderlinovim spisima za nezavršeni poetski tragički komad o Empedoklu (čiji je puni naziv *Smrt Empedokla: Žalosna igra u pet činova* [*Der Tod des Empedokles: Ein Trauerspiel in fünf Akten*]). Nacrt se, u rukopisu, neposredno nastavlja na stihove završnog hora prvog i jedino napisanog čina treće verzije *Empedokla*. U njemu se, zapravo, iznosi i razvija misao kojom završava plan za nastavak spomenute tragičke igre: *(...) I čovek, koji propast svoje zemlje tako samrtno oseća, mogao bi onda predosetiti svoj novi život.* Po svemu sudeći, poetološkoistorijski tekst *Otadžbina u hropcu...* spada suštinski u svitak *Empedokla*, i tematski i po vremenu nastanka. Tome u prilog govori i činjenica da je tekst ispisan sasvim uz levi rub papira, pri čemu je sistematski ostavljan prazni prostor, tri četvrtine lista po širini, na desnoj strani, za daljnje razvijanje pesničkog projekta *Empedokla*. Posle neuspeha s pokretanjem svoga časopisa, septembra 1799. godine, Helderlin je radio na preradi prve verzije *Empedokla*, a tokom jeseni formulisao teorijsku osnovu (poznatu pod nazivom *Osnova za Empedokla*) za potpuno novu koncepciju celog poetskog komada. Tada je započeo sa ispisivanjem prvoga čina, otprilike prvih decembarskih dana i završava ga, verovatno, u trenutku kada se menjalo stoleće. Time je približno određeno vreme nastanka teksta *Otadžbina u hropcu...*, kojeg će, godinu dana posle njegovog nastanka, izgleda uoči putovanja za Hauptvil, zaključujući po redosledu što ga je ispisao na gornjem rubu svitka, smestiti, kao i *Osnovu za Empedokla*, u zaključni deo zamišljene knjige.

Nesumnjivo je da ovaj tekst, zajedno s njemu savremenom *Osnovom za Empedokla* (*Grund zum Empedokles*), predstavlja početak novog razdoblja u pesnikovoj refleksiji. To je odlučan okret „spoljašnjoj građi". Govori se o domovini, narodu, vremenu, istoriji. Povodom teksta o kome je reč, Fridrih Bajsner će podsetiti na stav iz Fihteovog *Zasnivanja ukupnog učenja o nauci*: „Karakteristična forma smene u delovanju jeste neko nastajanje putem nestajanja (postajanje putem iščezavanja)." Temu postajanja u nestajanju otkrivamo, još jasnije, i u *Osnovi za Empedokla*. U ogledu se razmatra i odnos celine i delova u vremenu, pa bi se, dakle, mogao povezati i s tekstom *Kada je pesnik jednom zavladao duhom...*

Kada je pesnik jednom zavladao duhom...

U ovom opsežnom ogledu, u vidu nacrta u kome se u velikim potezima izlaže neki tek planirani misaoni tok, Helderlin kao da u izvesnoj meri govori jedino sebi samom, kao da u sebi iskušava dalekosežnu ideju o postupanju poetskog duha (kakav naslov će tekstu dati izdavač Cinkernagel, što će potom prihvatiti većina priređivača pesnikovih spisa: *O postupanju poetskog duha*). Za razliku od, primerice, formulacije svojih razmišljanja u ogledima o Ahilu, ili o načinima u pesništvu..., Helderlin ovoga puta ne brine o čitaocima, ne teži jasnijem iskazivanju i objašnjavanju, tako da se tumač i prevodilac neizbežno sreće sa silnim teškoćama u rasplitanju i razumevanju izuzetno složenih i gustih rečeničnih konstrukcija koje su zaposele znatan deo ogleda. Da, to je neka vrsta ličnog podsetnika pesnikovog, razumljivog prvenstveno njemu lično. Ali, upravo stoga krije u sebi svu silu dragocenih uvida u veličanstvenu poetiku koju je zagovarao i praktikovao Fridrih Helderlin, jedan od nekoliko najvećih pesnika sveta do danas.

Poznato je da je Helderlin, tokom septembra 1799. godine, molio Šilera da mu isposreduje neko zaposlenje u svojoj blizini. Iz daljnje prepiske o tome predmetu ništa nije sačuvano, osim jednog nacrta za pismo, po svoj prilici, za izdavača revije *Allgemeinen Literatur-Zeitung* u Jeni, Kristijana Gotfrida Šica (Christian Gottfried Schütz). Tom izdavaču je, verovatno početkom 1800. godine, Helderlin predlagao redovnu recenzentsku saradnju. Helderlin pokazuje, uz to, spremnost da iznese najpre načela svog budućeg kritičarskog rada, što bi možda trebalo da požuri ostvarenje onoga što predlaže. Tako se pesnik poduhvata, tim povodom, sa sebi svojstvenom savesnošću, posla na izgradnji kritičke teorije koja bi mu poslužila kao osnov njegove osvešćene, recenzentske kritičke prakse. Imajući, dakle, u vidu takvo poreklo teksta o kome je reč, može se nedvosmisleno zaključiti da taj tekst još uopšte do sada nije, i po rečima priređivača kritičkog izdanja, „adekvatno recipiran". Nije recipiran kao „prvi korak ka ispunjenju pesnikovog postulata" o kritičko teorijskom zasnivanju neposredne kritičke prakse, postulata iz kojeg je, sa ovim tekstom, proizišla jedna nova poetološka, još nemišljena postavka.

Najprostije rečeno, u ogledu se analizira način na koji postupa ljudski duh, ka je pesnički, tokom svoga stvaralačkog rada. Iznose se i pravila toga rada. Njegov ritam kojeg Helderlin pokušava da dočara, pokazuje se kao ritam samog života. Pa i ono što važi za poetski duh, pokazuje se da znatno važi i za ljudski duh uopšte.

Koliko god da se, s pravom, uočava tvoračka, otvorena nezavršenost teksta, nemoguće je istovremeno ne videti da je on, kao i svi ostali Helderlinovi završeni ili nezavršeni ogledi, podvrgnut čvrstom, strogo promišljenom unutrašnjem rasporedu u razumevanju i izvođenju. Ta činjenica olakšava čitanje i, ukoliko je raspored dokučen, čini naš dijalog s Helderlinovom poetikom pouzdanijim i plodnijim.

> *Osećaj govori u pesmi idealno...*
> *Izraz, karakteristični...*

Pogrešno je prihvaćeno da se, čak i u glasovitom, referentnom izdanju Fridriha Bajsnera, ova dva nacrta integrišu u ogled koji počinje rečima *Lirska, po izgledu idealna pesma...* (*Das lyrische dem Schein nach idealische Gedicht...*) i kome je pripisivan naslov *O razlici pesničkih vrsta* (*Ueber den Unterschied der Dichtarten*). Najnoviji uvidi dokazali su oba nacrta zabeležena ranije i da su nastala, najverovatnije, još u doba poslednjeg prepisa teksta *Kada je pesnik jednom zavladao duhom...* U pitanju su, kao što se lako da zaključiti, prve postavke za poetološku kombinatornu formulu. Za prvi nacrt Helderlin je još koristio terminologiju koju je, po D. E. Zatleru, preuzeo kao uzor iz dva rada Karl Filip Konca (Karl Philipp Conz), objavljena 1786. godine: *Ueber Empfindungsvermögen und Phantasie* i *Ueber das Leidenschaftliche in der Kunst* (*O moći osećaja i mašti* i *O strasnome u umetnosti*). No, već u sledećim pokušajima, kao što možemo videti, ključni pojmovi iz toga nacrta (naivno, idealno, energično, strast, mašta itd.) bivaju zamenjeni kategorijama *naivno – idealno – herojski*.

Pesma *Diotima*, na čiji se stil ukazuje u poslednjem retku nacrta, verovatno je istoimena pesma koja je nastala 1797. godine i koja nam je poznata u više verzija.

Što se tiče drugog nacrta, on se može čitati kao neposredni dodatak tekstu *Kada je pesnik jednom zavladao duhom...*

> *Ne nalazi li idealna katastrofa...*
> *Poetološke tablice*
> *Tragičkom pesniku dobro dolazi...*

S prvim iz skupine ovih nacrta, Helderlin je, konačno, došao do svog poetološkog obrasca za ono što naziva smena tonova (*Wechsel der Töne*), alternacija tonova. Tome se ne bi imalo šta ni dodati ni oduzeti, sem da u oba sledeća nacrta iz ove skupine uočavamo samo preciziranje osnovne zakonitosti. Sva tri mora da su nastali otprilike sredinom juna 1800. godine. Što se tiče pojma katastrofe u prvome nacrtu, valja podsetiti da izraz mora biti shvaćen u grčkom smislu, kao „obrt; okret". U stvari, u pitanju je izvesni rez, to jest „cezura" o kojoj Helderlin govori i u svojim beleškama uz Sofoklove tragedije koje je prevodio. Cezura? Trenutak kada se redosled u uzastopnom smenjivanju tonova obrće, kao što se može videti u poetološkim tablicama koje je pesnik sastavio.

Lirska, po izgledu idealna pesma...

Ovaj je tekst najpre integrisan u *Kada je pesnik jednom zavladao duhom...*, da bi onda ovaj bio prikazan kao bezmalo završeni ogled, te je kao takav, s naslovom *O postupku pesničkog duha*, objavljivan u mnogim izdanjima. Kasnija otkrića i izučavanja Helderlinove ostavštine izdvojiće ga kao poseban ogled, istina integrisavši u njega i neke druge nacrte (vid. napomenu uz str. 85 i 87), i pripisati mu naslov *O razlici pesničkih vrsta*, pri čemu je nesumnjivo da se Helderlin upravo razlikovnim obeležjima među pesničkim vrstama osobito divio kod Grka. Za sistematski prikaz tri pesničke vrste, čemu je Helderlin težio u ovome tekstu, kao nužna pretpostavka se mora uzeti razvijanje koje otkrivamo u *Poetološkim tablicama*. Sudeći po tome, i ovaj tekst mora da je nastao tokom leta 1800. godine. Kasnije će autor početak i zaključak svojih, po rečima znalaca, dubokumnih (*tiefsinnigen*) izvođenja o *idealnom* aspektu *tragičke pesme* zatamniti dobro namastiljenim debelim perom.

Osvrt uz Junakinju, komad Zigfrida Šmita

Prijatelj Helderlinov, Šmit (Siegfried Schmid) obaveštava pesnika, 15. januara 1800. godine, o svojoj *drami*, a šalje mu je 22. februara iste godine. Helderlin mu je, po svemu sudeći, spomenuo da namerava recenzirati dramu, jer mu Šmit kaže: „I veoma se radujem da ćeš pokušati da se poslužiš koliko je god to moguće novinskim jezikom." Izgleda da, ipak, Helderlinova recenzija nije bila štampana, ali je tekst poslužio autoru drame prilikom njegovog konkurisanja pred senatom univerziteta u Gisenu za profesuru na katedri za retoriku i poeziju. U senatskom izveštaju je pisalo: „Od najnovijeg, isti kandidat je izdao veću dramu u jampskom stihu, s naslovom *Junakinja*, o kojoj je poznati pesnik Helderlin veoma pohvalno sudio u rukopisu kojeg je jedan od nas pročitao, a poslat je jenskom *Allgemeine Literatur-Zeitung*-u." Očigledno je da je u tekstu, pisanom „novinarskim jezikom" (*in die Zeitungssprache*), Helderlin iskušavao ponešto (precizirajući osobito važnost „građe" za delo) od svoje neobjavljene poetike kao osnovnog kritičkog merila. Sam tekst je sačuvan u prepisu rukom Isaka Sinklera (Isaak von Sinclair).

O priči kod starih

Način ispisivanja slova (osobenosti „reza i črta") u ovom konceptu za ogled ukazuje na vremensku blizinu, po nastajanju, tekstu *Značenje tragedija*..., za šta bi se potvrda mogla naći i u Helderlinovom pismu L. f. Zekendorfu (Leo von Seckendorf), 12. marta 1804. godine: „Bavim se da pričom, poetskim pogledom na istoriju, arhitektonikom neba, naročito nacionalnim, u meri u kojoj se razlikuje od grčkog." Pod pričom, Helderlin misli *mit* (u prilog čemu govre njegovi komentari o Pindaru), na pameti mu je grčko značenje mita kao priče. U pismu Zekendorfu, mit je nazvan poetskim pogledom na istoriju i istovremeno je „arhitektonika neba", sazdanje gde borave nebesnici, inače nezaobilazni u Helderlinovim pesmama, pa tako i u njegovoj poetici. U ovom konceptu, ti nebesnici se nazivaju i duhovi, što je reč koju pesnik, u trenutku prevođenja Sofoklovih tragedija, koristi za bogove. On je za „spregu ljudi i duhova"! Tada se može govoriti i o prirodi i delovanju istorije... Iz trodelnosti tematike u konceptu da se zaključiti da bi i celi projekt bio tematski trodelan. Na to i sam tekst ukazuje ostavljenim sitnoslovim zapisom iznad njega. Iz Zekendorfovog pisma Justinusu Kerneru, 13. avgusta 1807. godine, zaključujemo da se Zekendorf od Helderlina nadao takvom ogledu za svoj časopis *Aurora*. Umesto ogleda, dobio je elegije: „Istina je da sam od njega pre više od 4 godine primio pesme za ovaj časopis, umesto proznog ogleda za kojim sam žudeo."

Značenje tragedija...

Premda je tekst dugo pripisivan počecima Helderlinovog homburškog razdoblja (1798/9), on je ipak, sudeći po „rezama i črtama", po dikciji i vrsti korišćenog papira, kako kaže D. E. Zatler, nastao u vreme kada je pesnik za štampu pripremao svoje prevode Sofoklovih tragedija, dakle tek 1803. godine. Izdavaču Vilmanu u Frankfurt piše Helderlin, 28. septembra 1803. godine, da još ima dovoljno građe za pripremu uvoda u tragedije. Deo te građe bi mogao biti i ovaj odlomak koji počinje rečima *Die Bedeutung der Tragödien*..., ali zamišljeni „uvod u tragedije" ne bi trebalo mešati s Helderlinovim *Napomenama*... O tome svedoče reči iz drugog pisma, od 8. decembra iste godine, i upućenog istom izdavaču: „Oprostite mi što sam oklevao s rukopisom Sofoklovih tragedija. Hteo sam, pošto sam stvar mogao slobodnije da pregledam, još ponešto da izmenim u prevodu i napomenama. Jezik u *Antigoni* mi nije izgledao dovoljno živ. Napomene nisu dovoljno izražavale moje uverenje o grčkoj umetnosti, kao i o smislu komadâ. Otuda mi se još ne čine zadovoljavajućim. Želim posebno da Vam uradim Uvod u tragedije, ako Vam se to dopada, kojeg bih Vam poslao u idućih pola godine ili u urečeno vreme."

Spomenuti Uvod u tragedije ostao je, tako, pusta želja ili, možda, fantomska tvorevina koju sam odeljkom o tragedijama i tragičkom ove knjige pokušao da prizovem. U svakom slučaju, od Helderlinovih spisa, u tom odeljku objavljenih, nema sugestivnijeg uvoda čak ni u naše današnje tragičke refleksije.

OSNOVA ZA EMPEDOKLA

Podsetimo se najpre, ukratko, ko je bio Empedokle koga će Helderlin uzeti za junaka jedine svoje pisane, premda nezavršene tragedije *Smrt Empedokla*. Rodom Grk (živeo od otprilike 490. do otprilike 430. godine pre n. e.), Empedokle je iz sicilijanskog grada Akragasa, danas poznatog pod imenom Agrigento. Filozof prirode i lekar. Samo delimično su do naših dana sačuvana dva njegova didaktička speva, *Pročišćenja* i *O prirodi*. Pisao je upečatljivim jezičkim izrazom, u proročkome tonu. Snaga njegovih iskaza, praćena izvesnom mističkom obrednošću, omogućila je Empedoklu da se njegovo učenja rasprostre nadaleko. O njemu su se pričala čudesa i bio je štovan maltene, vele, kao bog. Izrazite su kosmološke crte u njegovom učenju: svet se, po njemu, razvija kao stalno mešanje i razdvajanje nepromenjivih elemenata (on ih naziva „korenje") bivstvovanja – vatra, voda, vazduh i zemlja. Nad celim procesom vladaju dve prasile: ljubav i mržnja. Njegova politička koncepcija je, koliko se može zaključiti, bila demokratska, pa je boreći se protiv agrigentske, tiranske i aristokratske vlasti na kraju proteran i morao napustiti zavičaj. U predanje je ušao zahvaljujući glasu da se ubio skočivši u vulkanski krater Etne. Delo Diogena Laertija o životima čuvenih mislilaca (iz III veka n. e.), koliko god inače bilo protivrečno, prvi je izvor bližeg saznanja o Empedoklu. Na osnovu pisma prijatelju Sinkleru (od 24. decembra 1798. godine), kao nesumnjivo možemo zaključiti da i Helderlinovo poznavanje Empedokla potiče od Laertija. Kao izvor mu je poslužila i knjiga Georga Kristofa Hambergera (Georg Christoph Hamberger: *Zuverlässige Nachrichten von den vornehmsten Schriftstellern vom Anfange der Welt bis 1500*, 1. deo, 1756), naročito kada je u pitanju odnos Empedokla prema egipatskim znanjima onoga vremena. Mogao je Helderlin biti podstaknut i čitanjem Horacijeve *Ars poetica* i Lukrecijevog speva *De rerum natura*, gde se Empedokle i njegovo učenje takođe spominju.

Inače, o nastajanju same tragičke igre *Smrt Empedokla* (*Der Tod des Empedokles*), koja je ostala nezavršena, i to čak u nacrtima za tri verzije, veoma malo znamo. Određenje tragedije koje otkrivamo u pesnikovom pismu Nojferu (od 3. jula 1799. godine) omogućava nam da donekle naslutimo stvaralačke razloge koji su ga motivisali da zamišljeno i započeto delo neprekidno odlaže. „Najstrožija od svih pesničkih formi, u potpunosti lišena ma kakve ornamentike, stvorena od gotovo samo teških tonova, od kojih je svaki jedinstvo za sebe, ona se unutar sebe razvija harmoničnim alterniranjem, i uz ponosno odbijanje svega što je sporedno – ona izlaže ideal žive celine u isti mah koliko god je moguće na koncizan i kompletan i supstancijalan način, dakle eksplicitnije, ali i ozbiljnije od ma koje druge poznate pesničke forme, a ta poštovana tragička forma bila je degradira dotle da je još jedino sredstvo za prigodno kazivanje neke blistave ili tanane stvari."

Sam tekst *Osnove za Empedokla* (*Grund zum Empedokles*) zatečen je u okviru rukopisa treće verzije (kojoj je prethodio) Helderlinove tragedije (*Trauerspiel!*). Pripada poslednjim teorijskim radovima koje je Helderlin pisao za svoga boravka u Homburgu. Otuda se može datirati najranije na avgust ili septembar 1799. godine. Ogled je bio završen, ali je, u međuvremenu, očigledno izgubljen jedan list u folio-formatu, ispisan na obe strane. Ni za kraj rukopisa se ne može posve izvesno tvrditi da je i završetak.

Pesnik govori o istoriji, vremenu, narodu, vlasti i sudbini pojedinca, i sve to razmatrajući, u tri odeljka, pitanje tragičke ode, tragedije uopšte i posebno pitanje samog Empedokla u njegovom dobu i zavičaju. Tu izlaže i pet deonica u duhovnoj delatnosti, istoriji razvitka duha.

Fridrih Šiler, Helderlinov stariji savremenik i izvesno vreme gotovo njegov zaštitnik (ali varljivi), suprotnost prirode i umetnosti je mirio u ideji umetnosti kao igre. Za Helderlina, koji se opredeljuje za sredinu između protivstavljenih polova umetnosti i prirode, nije reč o igri već o „bogu iz mita". Raspravljajući o tragičkom u obzorju protivstavljenosti prirode i umetnosti, u svojoj *Osnovi za Empedokla*, Helderlin uočava tri faze. Prva faza u istoriji duha bi bila ono što naziva „čisti život". Druga je – refleksivna kriza. Treća, više od nekog istinskog jedinstva, predstavlja smešu u kojoj svaki element razmenjuje svoje moći s drugim elementom. Sa *Osnovom* je u vezi i poetički nacrt koji počinje rečima *Otadžbina u hropcu...*, zatečen u istom, „emepodoklovskom" rukopisnom svitku (vid. *in* Fridrih Helderlin: *Nacrti iz poetike*, Bratstvo jedinstvo, 1990, od str. 45 i napomenu na str. 115/116).

Empedokle je, situiran u vremenu i u svojoj otadžbini, primer jedinstva onih sila koje se razmenjuju između elemenata zbrkane smeše u trećoj fazi istorije duha, o čemu Helderlin govori u tekstu... On je njihova sinteza koja iziskuje da bude prevaziđena, i to je mogućno samo žrtvovanjem pojedinca. Nesaglasnost Empedoklova sa svojim dobom zahteva da se prelaz iz jedinstva u jedinstvo izvrši ne pesničkim jezikom, kako je to Helderlin mislio u jednom od svojih nacrta iz poetike, nego žrtvom. Iz brige za dramsku zbilju, Helderlin će insistirati na ulozi koju narod ima prema junaku. Iz te uloge takođe proizilazi neminovnost žrtve.

Protivnik o kome na kraju osnove govori Helderlin menjao se iz verzije u verziju njegove tragičke igre. U prve dve verzije, umesto protivnik, nalazimo imena Hermokrat i Kritija (ponekad Mekad). U trećoj verziji govori se „protivnik", pa onda „kralj" i „brat" (za „kraljevskog brata" javiće se ime Strato, koji bi, dakle trebalo da bude Empedoklov brat i agrigentski vladar). I verovatno je da lik Kreonta u Sofoklovoj *Antigoni* nije bio bez uticaja na te promene.

Izraz *Grund* koji je u naslovu treba razumeti u terminološkom smislu usklađenom sa ostalim dostupnim homburškim istraživanjem. Naime, kao „opšte filozofsko značenje".

NAPOMENE UZ EDIPA

Po najavnoj belešci frankfurtskog izdavača Vilmansa (Friedrich Wilmans), kod koga su se, za proletnji sajam 1804. godine, pojavili Helderlinovi prevodi Sofoklovih tragedija *Kralj Edip* i *Antigona*, pesnik je navodno na tim prevodima radio deset godina. Tvrdnja je, izgleda, preterana, mada je nesumnjivo tačno da Helderlin prevodio Sofokla bar nekoliko godina. No, tačno je i da je Sofoklu, kao i Pindaru, pesnik bio sklon još od svojih ranih školskih dana. O tome svedoči i njegova magistarska disertacija (vid. ranije, u okviru Uvodne napomene). S druge strane, kao što se može zaključiti iz pisma Vilmansu (vid. Napomenu uz odlomak *Značenje tragedija*...), Helderlin je još uvek, u jesen 1803. godine, dorađivao prevod obe tragedije, pa su tako u objavljenom prevodu lako vidljivi razni slojevi Helderlinovog prevođenja u različitim trenucima.

Napomene uz Edipa pojavile su se, kao i one uz *Antigonu*, u spomenutom Vilmansovom izdanju prevedenih tragedija. U njima se produbljuje i razvija refleksija čije prve tragove otkrivamo već u nacrtu *Otadžbina u hropcu* i *Osnovi za Emepodokla*. Podeljene na tri odeljka, u svakom se izlaže određeni vid Sofoklove tragedije. U prvom odeljku, u pitanju je „kalkulabilna zakonitost", to jest „ritam" tragedije; u drugom, analiziraju se značenja tragedije; u trećem – seže se za opštijim smislom tragičkog. Ulančavanje sva tri odeljka, osobito dovođenje u vezu „zakonitosti" i „živog smisla", onoga što se može izmeriti i onga što je neizmerivo, predstavlja jedan od suštinskih problema kojima se u svojim ogledima i nacrtima bavio helderlin za svog boravka u Homburgu potkraj XVII stoleća. Dovoljan će biti mali primer za rečeno povezivanje „izračunljivog" i „neizračunljivog". Kad u *Napomenama uz Edipa* Helderlin govori o cezuri, kao pitanju ritma, „antiritmičkom rezu", moramo se setiti onih mesta u njegovim poetičkim nacrtima (u zbirci *Nacrti iz poetike*, ibid.) gde je cezura, u pesmi, jasno shvaćena kao „obrt" koji omogućava pojavu božanskog elementa, „beskonačnog momenta". Betina fon Arnim, pesnikova savremenica, osvrćući se na njegove napomene o tragedijama, upravo se poziva na cezuru za koju kaže da je „živo odgađanje ljudskog duha nad kojim počiva božanski zrak". Ne samo u ravni stiha, nego i celog tragičkog teksta, cezura odlučuje o izmeni predstava. Pomoću nje i kroz nju pojavljuje se nešto dublje od puke akcije. Na to je Helderlin mislio kada je Tiresijine reči, u obe tragedije, shvatao kao cezuru.

„Ravnoteža", pak, zahvaljujući susretu „praznog tragičkog transporta" i „cezure", ne postiže se naprosto tačno na pola puta između početka i kraja. Ona je, u tragediji, uvek izvedena tek na nekoj ekscentriranoj težišnoj tački. Za boga i vreme, kako evocira vrhunac napomenâ, u svojoj kapitalnoj poenti, ekscentrično težište je sam čovek.

NAPOMENE UZ ANTIGONU

Dostupni nam podaci o nastanku, objavljivanju, strukturi ovih *Napomena* podudaraju se sa onima koji se odnose na *Napomene uz Edipa*.

Od nekoliko nedoumica s kojima se suočavamo u slučaju razumevanja ovih pesnikovih napomena, najviše interpretativnih teškoća će stvoriti treći odeljak koji počinje razlikovanjem Grčke i Hesperije (Zapada) i njihovih odgovarajućih poetika, nastavljajući se refleksijama o istorijskom vidu tragedije... Helderlinovo artikulisanje razlike između Grčke i Hesperije izazivalo je i još izaziva divergentna tumačenja. To se odnosi i na pesnikovo opširno pismo (od 4. decembra 1801. godine) njegovom pet godina mlađem prijatelju Belendorfu (Casimir Ulrich Böhlendorff), u kome je takođe reč o istoj razlici i Helderlinovom pogledu na nju. Uspostavljajući vezu između „preciznosti" i „topline", on smatra da prinuda koju pravila vrše obezbeđuje „elastičnost" duha. Ne odlučuje se on između zanosa i umerenosti, budući da po njemu jedno bez drugog ne ide. Grčka je urođena vrlina „nebeska vatra", ali je kultura istovremeno Grke naučila umerenosti. Kod Nemaca je suprotno: umerenost urođena, a patetika stečena. Zadatak je hesperidskih naroda da se nesputano okrenu svojim urođenim vrlinama, da se okrenu otadžbini, te da njihova poezija odatle proizilazi. Pravila moderne poetike moraju biti *vaterländisch*. Zapadnjaci se ne smeju iscrpljivati u oponašanju nego moraju tražiti sopstveni put. Jedino što mora biti zajedničko Grčkoj i Hesperiji jeste ono što naziva *das lebendige Verhältnis und Geschick*. U tome je i tragički luk, luk koji povezuje grčke tragedije s mogućnošću modernih tragedija.

Srodne ideje Helderlin izlaže i u *Napomenama*. Iz njih se, kao nesumnjivo, može izvući „1) da pesnik danas mora biti svestan svoje posebnosti u odnosu na Grke, ne imitirajući ih slepo; 2) da se grčka tragedija igra u „fizičkijem" svetu u kome smrt stvarno doseže telo, a zapadnjačka tragedija u „duhovnijem" svetu u kome se smrt može dosegnuti jedino duhom". Belendorfu piše da je grčki junak umirao „proždran plamenom", a moderni junak svet živih napušta „sasvim nežno". I zaključuje da je možda sudbina modernog junaka, tako, manje impozantna, ali je dublja.

ODLOMCI O PINDARU

Pindarova „Himna je vršak pesničke umetnosti", kaže Helderlin još u svojoj magistarskoj disertaciji. Pindarovo pesništvo je, bez sumnje, odlučno uticalo na Helderlina i izazvalo preokret u njegovom poetskom stilu. To najbolje posvedočavaju Helderlinovi prevodi Pindarovih pesama. Zapravo se i ne može govoriti, u doslovnome smislu, o prevodima nego, pre, o pokušaju nekog ličnog, „privatnog" istraživanja „umetničkog karakterisanja", samosvojnog jezičkog niza utelovljenog u „ritmu predstavâ". Tako su razumljivi i Helderlinovi filološki previdi (koje, konačno, srećemo i u njegovim prevodima Sofoklovih tragedija). Ali, šta mari zbog njih! (Neka im se Šiler i Gete samo smeju!) Iz njih je Helderlin izvukao ono najviše za svoju poeziju: izuzetnu jezičku snagu, autentičan ritam, nepresušnu istorijsku relevantnost.

Komentarisani prevodi Pindarovih pesama mogli su nastajati počev od Helderlinovog velikog prevodilačkog rada 1800. godine. No, vodeći računa o stilskim promenama, sami *Odlomci o Pindaru*, u ovoj knjizi objavljeni, potiču, najverovatnije, iz 1803. godine. Koliko god bili kratki, svojom lucidnošću dostižu suverenu visinu *Napomena* uz Sofoklove tragedije.

Nevera mudrosti

Onaj čiji je duh naučen i svikao na razliku, ne sme da zaluta kada se nađe u stranoj zemlji. To je Jason, kentaurski vaspitanik. Spominje se i u nacrtu Helderlinove pesme *Kolumbo*. Prigrli sve gradove, sve razlike, vidljive i nevidljive, veli on. Veli i Helderlin. Ni od njega ni ružnoga dela niti ružne reči. O kentaurima nalazimo i u Helderlinovoj odi *Hiron*.

O istini

Predosećanje da i istina, kada verujemo da postoji samo jedna jedina, može voditi u laž. Tražiti živi smisao. I lutati. To je sudbina.

O spokoju

Spokoj (*Ruhe*) o kome se ovde govori nije puki mir i jednostavni počinak, već sabranost i usredsređenost. A „olujni dah"? Revolt? Protivstaviti se revoltu, „jer osiromašuje"? Ovde zatičemo novi moment u Helderlinovom paralelizovanju Grčke i Hesperije (Nemačke, Zapada). Zapadnjačka poetika bi trebalo da reafirmiše nužnost. Tako tumači Beda Aleman. Mislim da ovde Helderlin govori iz političke klonulosti. I ubrzo će izabrati ludilo.

O delfinu

Usred idile – razdvajanje, razlika. Čisti glas, ni zbog čega, sam po sebi.

Višnje

Ovo višnje je ovde zakon. A u pismu Belendorfu, najduhovnije, ono najviše – *das lebendige Verhältnis und Geschick*, živa veza, sudba... Pitanje je da li je s tim ekvivalentan „zakon" s njegovom „strogom posrednošću".

Vek

Helderlin preuzima svoju omiljenu sliku: „nevina jednostavnost". Njegovi likovi, Hiperion i Diotima, tome teže. U životu Helderlinovom, ta je težnja bila bezizgledna.

Beskraj

Pravda i lukavstvo, u smislu dovitljive mudrosti, povezuju se ovde, koliko god naoko protivstavljene, u beskraju. Njihova veza je, čini se, bliska „živoj vezi" do koje je Helderlinu stalo.

Utočišta

Sredinom decembra 1800. godine, iz Štutgarta, odakle će poći u svoju alpsku skitnju po Švajcarskoj, Helderlin piše sestri da ni on, kao i mnogi drugi, ne može podneti vrtoglavi potres koji se odasvuda okomljuje na njega i da, da bi se iz njega izvukao, mora postati preterano odmeren i čvrst. Često se, kaže dalje, seća leda, i oseća da mu je nužno pronaći neko mirnije utočište gde bi ga sve što ga se tiče i što ga dira manje duboko potresalo. Uznemiren svojom željom za apsolutnim, traži oslonac, neko počivalište u kome će boraviti. U njemu se združuju sećanje i predosećanje.

Životodavno

Divan primer refleksivne vizije koja karakteriše poznog Helderlina. I ovde ponovo srećemo pesnikov mladalački zanos, čak i Osijana (koji je ovde samo greškom) na koga nije pomišljao još od svojih tibingenskih studija. Što se tiče kentaurâ, opet upućujem i na Helderlinovu odu *Hiron*.

Nacrt: [Najstariji sistemski program nemačkog idealizma]

Ovaj tekst može biti Helderlinov, a i ne mora, ali svakako nije bez Helderlinovog udela. O poreklu teksta mnogi su raspravljali. Najviše su se, ipak, isticali istoričari klasične nemačke filozofije, kao i sami današnji nemački filozofski mislioci i komentatori. Nema sumnje da je reč o odlomku hronološki prvog teksta u kojem se izlaže, sa sistemskim naznakama, „program nemačkog idealizma". Dugo je vremena vođena rasprava ko je pravi autor teksta. Do nas je stigao ispisan Hegelovom rukom i u Hegelovoj rukopisnoj ostavštini. Zaključeno je da ga je sročio Šeling. Iako je, međutim, u pitanju Šelingovo formulisanje, tekst je napisan po Helderlinovim idejama i, po svoj prilici, na Helderlinov nagovor. Tekstu, u obliku u kome je dospeo do našeg vremena, nedostaje prva polovina na obe strane ispisanog lista. No, očigledno nije u pitanju nacrt za neki posebni ogled, nego se pre radi o programu za neko filozofsko životno delo, s tim što je deo tog programa, kako je rečeno, izgubljen. Na osnovu poredbenog ispitivanja rukopisa, ustanovljeno je da Hegelov prepis potiče iz perioda od juna do avgusta 1796. godine. Prepis, dakle, nije načinjen u Frankfurtu u koji je Hegel došao tek januara 1797. godine. Predložak mora da je dobio do polovine 1796.

godine, verovatno lično od Šelinga. Šeling je Helderlina, pak, posetio u Tibingenu u leto 1795., između 21. jula i 30. avgusta. Da li je već tada Šeling ispisao tekst kao zaključak s Helderlinom vođenih razgovora ili je to učinio tek nakon ponovnog viđenja s pesnikom, decembra iste godine, ili čak posle njegovog kratkog boravka u Frankfurtu, aprila 1796. godine? Na to nemamo pouzdaniji odgovor, niti se još zna za neki verodostojniji trag koji bi pomogao utvrđivanju pravog datuma. Kako god bilo, važnost teksta je neosporna. Nagoveštena je koncepcija ukupne filozofije koja bi polazila od ideje lepote. Ističe se obnova mitologije, čulna religija, estetska filozofija. Sve same Helderlinove ideje, prepoznatljive u njegovom poetskom delu. Taj će program Šeling početi da razvija tek počev od 1800. godine.

Da čovek u svetu...

Rečenica je mogla biti napisana ili izgovorena u razdoblju od 1806. do 1843. godine.

Ovu će rečenicu, ne navodeći nikakve posebne izvore i okolnosti, navesti Helderlinov biograf Švab kao primer „neobičnog rečnika" pesnika za koga je psihijatrijska dijagnoza, septembra 1806. godine, glasila da je lud ali bezopasan.

Hronologija

1770 Helderlin je (pod imenom Johann Christian Friedrich Hölderlin) rođen 20. marta, u Laufenu na Nekru (Lauffen am Neckar). Otac mu je bio upravnik samostanskog imanja, a umreće samo dve godine posle sinovljevog rođenja, nekoliko sedmica pre rođenja ćerke Hajnrike (Heinrike), Helderlinove sestre. Majka, Johana Kristijana, rođ. Hajn (Johanna Christiana Heyn), posle muževljeve smrti, ponovo će se udati, za opštinskog savetnika i gradonačelnika mesta Nirtingen (Nürtingen), s njim izroditi još jednog sina, Karla Goka (Karl Gock), Helderlinovog polubrata, i umreti 1828. godine.

1784 Majka je Helderlinu namenila bogoslovsku karijeru, pa otuda on, 20. oktobra, stupa u niže crkveno semenište u Denkendorfu (samo nekoliko kilometara udaljeno od Nirtingena). U toj školi vlada uobičajeno stroga disciplina. Helderlin uči hebrejski, latinski i grčki, ali i otrkiva dela Klopštoka (Klopstock) i Šilera (Schiller), te piše prva svoja pisma i prve pesme.

1786 Prelazi, 18 oktobra, u više semenište, u Maulbronu (Maulbronn), gde se sprijateljuje sa školskim upraviteljem Imanuelom Nastom (Immanuel Nast) i gaji ljubavnu naklonost prema njegovoj ćerki Lujzi (Louise). I dalje čita Klopštoka i Šilera, ali i Janga, Osijana, Šuberta (Young, Ossian, Schubert).

1788 Kao bolji učenik u generaciji, dobija stipendiju i, 11. oktobra, stupa na čuveni Bogoslovski institut u Tibingenu (Tübingen). Prekida s Lujzom Nast, zbližava sa Elizom Lebre (Elise Lebret), ćerkom jednog tibingenskog profesora (s njom će se razići uoči kraja svojih studija), i sprijateljuje s Kristijanom Ludvigom Nojferom i Rudolfom Magenauom (Christian

Ludwig Neuffer, Rudolf Magenau), a kasnije i s Hegelom i Šelingom (Schelling). Početkom tibingenskog razdoblja nastaju mnoge pesme, ali promenljivog stila. Pa ipak, u pesmama se već prepoznaje lični autorov pečat, bez obzira i na vidljive uticaje Šilera i Klopštoka. Zanosi se Kantom, Rusoom, francuskom revolucijom, čita Platona a počinje i da se udaljava od protestantizma. Među Helderlinove tibingenske himne valja spomenuti himne boginji Harmoniji, muzama, slobodi, čovečanstvu, lepoti, prijateljstvu, ljubavi, geniju mladosti... Himne izražavaju pesnikovo intenzivno bavljenje filozofima, među kojima su, osim spomenutih, i Lajbnic i Spinoza.

1790   Tokom avgusta i septembra, ispit za magistra filozofije.

1791   Od sredine aprila do početka maja, s prijateljima luta po Švajcarskoj.

1792   Iz juna potiče prvo svedočanstvo o Helderlinovom radu na romanu *Hiperion ili pustinjak u Grčkoj*. Konačna, sedma verzija romana pojaviće se u dve sveske, na uskrs 1797. godine i u jesen 1799. Zaokupljen je tadašnjim ratnim događajima. Sestri piše juna 1792. godine: „Ubrzo mora biti odlučeno. Veruj mi, draga sestro, ratujemo u rđavom trenutku, budu li dobili Autrijanci. Zloupotreba kneževske vlasti će postati užasna. Veruj mi to, i moli za Francuze, pobornike ljudskih prava."

1793   Duhovnički ispit u Štutgartu, 6. decembra. U svedočanstvu piše da je Helderlin *philologiae, inprimis graecae, et philosophiae, inprimis Kantianae, et litterarum elgantiorum assiduus cultor.* Taj ispit mu dopušta vršenje evangelističke službe, ali – uprkos volji majke – on nije sklon toj karijeri. U jesen već, uoči toga, Šiler mu, kome je Helderlin bio predstavljen, nalazi mesto vaspitača kod Šarlote fon Kalb (Charlotte von Kalb), u Valtershauzenu kod Majningena (Waltershausen bei Meiningen). U službu stupa 28. decembra.

1794   Helderlin, kome ne ide baš lako s vaspitanjem Šarlotinog sina, novembra polazi za Jenu. U Jeni sa zanosom sluša Fihtea. Postaje „duša Jene". Često posećuje Šilera, upoznaje se s Geteom i Herderom. U Jeni započinje i prijateljstvo sa Isakom fon Sinklerom (Isaac von Sinclair), tajanstvenim Škotom. U Šilerovom časopisu *Thalia* objavljuje odlomak iz *Hiperiona*.

1795 Napušta mesto vaspitača kod Šarlote fon Kalb ali do maja ostaje u Jeni. Odjednom, u najvećoj hitnji, polazi za Nirtingen. Na putu sreće, po svoj mu je prilici to udesio Sinkler, u Hajdelbergu, frankufurtskog lekara i prirodoslovca Johana Gotfrida Ebela (Johann Gottfried Ebel), koji će mu, u avgustu, naći mesto vaspitača u kući svojih prijatelja Gontardovih, u Frankfurtu.

1796 U službu, kod bankara Gontarda, stupa oko 10. januara. Gospodarica kuće, Suzeta Gontard, rođ. Borkenštajn (Susette Gontard, Borkenstein), iz Hamburga, postaje „Diotima" Helderlinovih pesama. U bankarovoj kući se mnogo prima; to je smatrano srećnim domom. Suzeta je, u tom času, već deset godina udata, i ima četvoro dece. Helderlin je voli, i ljubav mu je uzvraćena. Sa svoje četvoro dece, vaspitačicom triju ćerki i Helderlinom, vaspitačem sina, gospođa Gotard polazi, 10. jula, za Kasel; opasno približavanje rata. Grupa ostaje u Kaselu do 9. avgusta. Tamo Helderlin upoznaje prijatelja porodice Gontard, Vilhelma Hajnzea (Wilhelm Heinse), autora *Ardingela,* kome se Helderlin divio bezmalo koliko i Šileru. Grupa zatim prelazi u Bad Driburg, u Vestfaliji, a krajem septembra se vraća u Frankfurt.

1797 Januara Hegel, Helderlinovim posredovanjem, postaje vaspitač kod frankfurtske porodice Gogel.
Susret s Diotimom duboko je i presudno uticao na Helderlinovo pesništvo. U početku njegovog frankfurtskog razdoblja, stihovi su mu još rimovani, ali se potom stil menja, ponovo se vraća odama i kratkim, „epigramskim" „pesmicama", koje se razvijaju u veće forme. Tokom avgusta i septembra, on pravi „detaljan plan za jednu žalobnu igru", biće to nikada završena *Smrt Empedokla.*

1798 Koncem septembra, Helderlin biva prinuđen da napusti kuću Gontardovih, ali produžava da se još, retko i tajno, viđa s Diotimom, otprilike do kraja maja iduće godine. Seli se kod prijatelja Sinklera, u Homburg, gde ovaj radi kao politički savetnik kod landgrofa. Tokom novembra je u Raštatu (Rastatt) gde Sinkler, na kongresu, brani interese Homburga. Razgovori s mnogim istomišljenicima (republikancima).

1798/9 Homburško razdoblje u životu Helderlinovom ispunjeno je mnogim ogledima i nacrtima i radom na *Smrti Empedoklovoj*. Piše o pesništvu, planira svoj časopis. Helderlinovi eseji iz tog vremena, na prvi pogled teško razumljivi i složeni, pravi su i dalekosežni mislilački program koji nije imao priliku da se razvije do kraja svih u sebi implikovanih mogućnosti.

1800 Dok je još do polovine godine u Homburgu intenzivno se bavi Pindarom, prevodi doslovno nekoliko Pindarovih pesama, ne „ponemčenih" i nenamenjenih objavljivanju. Hteo je tek da „uhvati" ritam predstavâ i tajnu grčkog jeziko- i pesmo-tvorstva. To će biti neka vrsta „predradnje" za njegova velika „otadžbinska pevanja"... Juna se vraća u zavičaj. U okolini Štutgarta provodi divno leto i jesen, druži s prijateljima, među kojima je i trgovac Kristijan Landauer (Christian Landauer). Tada nastaju i velike elegije („Menonova tužbalica za Diotimom", „Skitnica", „Hleb i vino"...), a još u Homburgu je završio svoju heksametarsku himnu „Arhipelag".

180 Od januara do aprila je kućni učitelj, u Hauptvilu kod St. Galena (Hauptwil bei St. Gallen), u kući industrijalaca Goncenbahovih (Gonzenbach). No, napušta posao iz nepoznatih razloga. Februara je zaključen tzv. Linevilski mir, koji i u Helderlinu budi velika nadanja, o čemu svedoči njegova pesma „Svetkovanje mira". Ove godine nastaju i velika „pindarovska" pevanja: „Na izvoru Dunava", „Skitanje", „Rajna"... Vraća se u Nirtingen, ne oseća se najbolje, ali nastavlja s pisanjem.

1802 Posle opasne i duge drumske skitnje po francuskoj pokrajini Overnj (Auvergne), koju prekida u Bordou (Bordeaux), postavši tamo, u porodoci hamburškog konzula Danijela Kristofa Majera (Daniel Christoph Meyer), kućni učitelj. I opet iz nejasnih razloga (pretpostavlja se da je odbio da vrši ulogu propovednika u nemačkoj koloniji u Bordou), vraća se već sredinom maja u zavičaj. Gotovo dva meseca su mu bila potrebna da stigne u Nirtingen. U tom času, 22.

juna, u Frankfurtu umire Diotima. Za smrt Helderlin saznaje tek početkom jula, u Štutgartu. Krajem prethodne godine pisao je već jednom od prijatelja: „Sada se bojim da ću do kraja morati podnositi Tantalov udes koji je primao bogove u većem broju nego što je mogao da ih svari."
Krajem septembra, na otprilike dve sedmice posećuje prijatelja Sinklera u Regensburgu gde ovaj, pred carskom ispostavom, zastupa landgrofoviju Hesen-Homburg. I ponovo podsticajni razgovori kao u Raštatu četiri godine ranije. Tu nastaju i prve verzije pevanja „Jedini" i „Patmos", prava pesnička remek-dela...

1803 Kod kuće, kod majke, u Nirtingenu. Posle izuzetno žestoke faze, koja je nastupila u vreme odmah po Diotiminoj smrti, Helderlinovo stanje se stabilizuje. Piše. Završava prevode Sofoklovih tragedija koje će, s radošću, iduće godini videti objavljenim. Šeling koji ga tokom leta i krajem godine posećuje, navodno je užasnut Heldrlinovim izgledom i „otkačenošću" njegovog duha.

1804 Juna Sinkler dovodi bolesnog prijatelja u Homburg gde ga landgrof postavlja za svog dvorskog bibliotekara. Na ime bibliotekareve plate, Sinkler se odriče na skoro dve godine povišice svoje plate (bilo je to 200 zlatnika).

1805 U „Džepnoj knjizi za godište 1805", kod izdavača Vilmana (Wilman), pojavljuju se devet Helderlinovih „Noćnih pevanja". Ide kod lekara koji smatra da je „njegov jezik, nalik smeši nemačkog, grčkog i latinskog, nemogućno razumeti". Landgrof, poplašen političkim promenama, a i stanjem pesnika, ne usuđuje se više da ga zaštićuje.

1806 Septembra ga Sinkler vodi u Tibingen, na Autenritovu kliniku (Autenriethsche Klinikum), radi psihijatrijskog tretmana.

1807 Kao neizlečiv slučaj, biva poveravan porodici stolara Cimera (Zimmer), koji ga smešta u kulu nad Nekrom. I tu ostaje do smrti, maltene četiri desetleća.

1815 Smrt Isaka Sinklera, rođ. 1775. godine.

1828 Smrt pesnikove majke.

1843 Fridrih Helderlin je umro u Tibingenu 7. juna.

Fridrih Helderlin
O PESNIČKOJ UMETNOSTI

Izdavačko preduzeće
RAD
Beograd, Dečanska 12

Glavni urednik
Jovica Aćin

Za izdavača
Zoran Vučić

Lektor i korektor
Miroslava Stojković

Grafički urednik
Milan Miletić

Design
Nenad Čonkić

Realizacija
Aljoša Lazović

Priprema teksta
Grafički studio *RAD*

Štampa
CODEX COMERCE,
Beograd

www.ingramcontent.com/pod-product-compliance
Lightning Source LLC
Chambersburg PA
CBHW062227080426
42734CB00010B/2051